Sew happy!

für Oma

Sew happy!

von.anne

NÄHEN FÜR
**BABYS
UND KIDS**

**Kinder-
Jerseykleidung**
in Größe 74–140
Mit 4 Schnitt-
musterbogen

EMF

EIN BUCH DER
EDITION MICHAEL FISCHER

Inhalt

Willkommen

IN MEINEM GANZ PERSÖNLICHEN NÄHBUCH-ABENTEUER!

Ein einziger Moment Anfang des Jahres, eine E-Mail von Kira mit dem Betreff „Lust auf ein eigenes Nähbuch?“ und schon war klar: Ja, natürlich habe ich Lust darauf! Es war, als hätte diese Idee lange in mir geschlummert, und ich kann es bis heute kaum erwarten, euch an meinem Wissen und meiner Leidenschaft teilhaben zu lassen.

Seit fast einem Jahrzehnt nähe ich nun. Gelernt habe ich es eigentlich nur aus der Not heraus, denn nach zwei geschmissenen Studiengängen sagte meine Oma zu mir: „Kind, ich bringe dir jetzt das Nähen bei.“ Ja, nun lest ihr mein Buch, ich habe meinen eigenen Onlineshop mit meiner Handmade-Kinderkleidung, selbst designten und gemalten Stoffen, einzigartigen Bügelbildern und vielem mehr. Alles entsteht liebevoll und zu 100% aus meiner Hand. Mein Weg war also holprig und definitiv nicht so geplant, aber es zeigt einfach, dass alles möglich ist. Demnach kannst auch DU nähen lernen! Und falls du schon nähen kannst – es gibt doch nie genug Schnittmuster, Tipps, Tricks und Inspirationen für uns kreative Menschen, oder?

In diesem Buch erwarten dich zuerst einige Grundlagen, Ideen, nützliche Tipps, meine liebsten Werkzeuge, Wissenswertes zu Stoffarten und meine zwölf persönlichen Lieblingsschnittmuster inklusive verschiedener Variationen.

Ich lade dich herzlich ein, mich auf dieser kreativen Reise zu begleiten. Tauche ein in meine Näh-Welt, sei mutig und hartnäckig, lass dich treiben und von deiner ganz eigenen Inspiration leiten. Viel Spaß beim Lesen und Nähen mit diesem Buch.

Ich bin gespannt auf all deine Werke, deine

Anne ♡

Grundlagen

In diesem Kapitel gebe ich dir einen Überblick zu allerlei Techniken, Tricks, Kniffe, Helferlein, Stoffarten und vieles mehr. Vielleicht weißt du das ein oder andere schon, aber man lernt bekanntlich nie aus, und daher empfehle ich dieses Kapitel als Lektüre zu einer großen Tasse Kaffee oder Tee – es wird dir sicher am Ende helfen! ☺

Warum selbst nähen?

MEINE NÄHMOTIVATION

*Bevor wir uns an die Details deiner Nähreise machen und uns die ersten Techniken anschauen, die du zum Umsetzen der Projekte in diesem Buch brauchen könntest, kommen hier noch ein paar Worte von mir, die sich sowohl an alle Anfänger*innen als auch Fortgeschrittene richten.*

Wenn ich an meine eigene Nähreise zurückdenke, erinnere ich mich zuerst an ziemlich viele schiefe Nähte, Frust, Begeisterung und dann wieder schiefe Nähte. Zeitgleich erinnere ich mich aber genau an das Gefühl, das erste Mal etwas absolut Selbstgenähtes in den Händen zu halten. Das war echt verrückt! Ich habe mich wie eine Zauberin gefühlt. Jede*r von uns hat als Anfänger*in begonnen – mit etwas Stoff, einer Nadel, ein bisschen Zubehör und mit einer Idee im Kopf. Dass diese Ideen Wirklichkeit werden können – immer wieder faszinierend.

Mein Prinzip war stets: Ich nähe für das Ergebnis. Klar steigen irgendwann die Ansprüche, aber im ersten Jahr zählte nicht jeder Fehler. Es war mir ehrlich gesagt total egal. Oma hat zwar ab und an kritisch geschaut, als ich mal mehr und mal weniger gut nähte, aber Fehler gehören für mich dazu. Was ich damit sagen will: Habt große Ziele! Aber lasst euch nicht entmutigen, wenn etwas nicht perfekt wird. Mit jedem Teil wird eure Erfahrung und euer Anspruch an euch selbst wachsen, also stresst euch nicht und lernt mit euch und euren „Fehlern".

Das Schönste am Nähen ist, dass es so viel Raum für Individualität und Kreativität bietet. Du hast mit deinen Fähigkeiten die Möglichkeit, etwas absolut Einzigartiges zu schaffen. Vertraue dir und deinem Bauchgefühl, gib nicht so schnell auf, bleibe am Ball, lerne dazu – du wirst dieses Hobby lieben. Deine Ideen und dein persönlicher Stil machen jedes Werk einzigartig. Und mit so viel Kreativität kannst du ja eigentlich nichts falsch machen!

Ihr seid nun also auf einer ziemlich spannenden Reise, und egal ob ihr gerade erst angefangen habt oder schon lange näht, lasst uns gemeinsam weiternähen, Schritt für Schritt und Stich für Stich, denn in jedem Nähprojekt steckt nicht nur Faden und Stoff, sondern auch ein Teil unserer eigenen Geschichte und Persönlichkeit.

Gib Stoff!

EINE KLEINE MATERIALKUNDE

Stoffe – ein weites Feld. Ich könnte allein zu dem Thema ein eigenes Buch füllen, aber hier kommt ein Versuch, dir einen groben Überblick zu geben. Du erfährst kurz und bündig alles, was du brauchst, um die Projekte im Buch gut umsetzen zu können.

Ich unterscheide erst mal immer zwei Arten von Stoffen: die dehnbaren und die nicht dehnbaren. In diesem Buch wirst du zu 95 % dehnbare Stoffe nutzen. Links liegt ein Stück Jersey. Wenn ich an ihm ziehe, egal ob von oben nach unten oder von links nach rechts, er ist elastisch und geht mit.

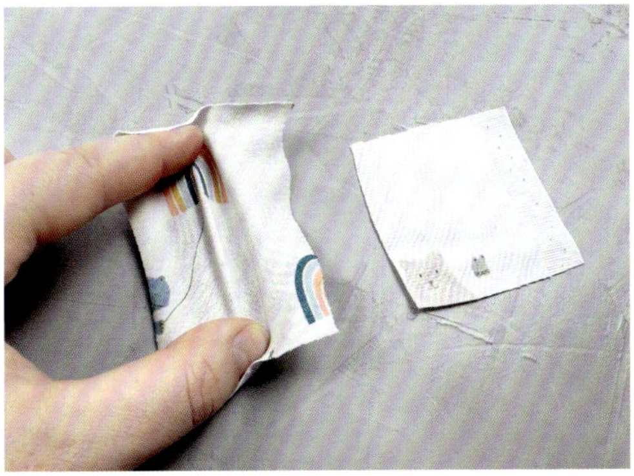

Rechts liegt ein Stück Baumwolle/Webware. Wenn ich daran ziehe, bewegt er sich nicht mit. Er ist unelastisch.

Außerdem kannst du an elastischen Stoffen wie links auf dem Jersey hervorragend den Fadenlauf erkennen.

Es ist wichtig, dass du beim Zuschnitt auf den Fadenlauf achtest, denn nur so passen die Kleidungsstücke letztendlich auch. Die Dehnung ist dann perfekt auf den Schnitt angepasst. Bei Maschenware wie Jersey und French Terry verläuft der Fadenlauf parallel zur Webkante, also von oben nach unten. Das ist auch deutlich zu sehen.

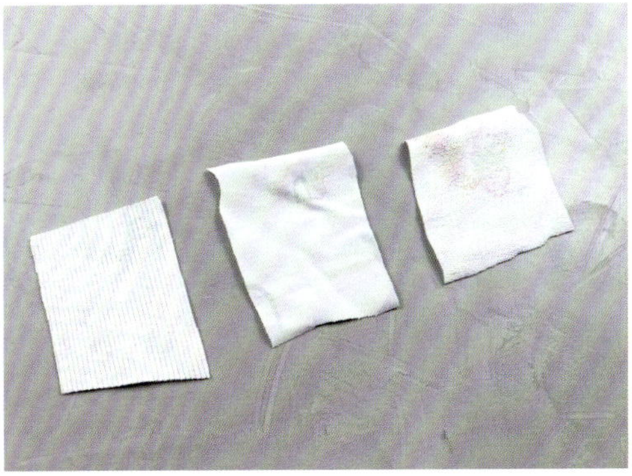

Beim rechten Stoffstück auf dem Bild siehst du sogar noch die Webkante. Diese befindet sich immer an einer der beiden oder beiden Seiten, nie oben oder unten. Daran kannst du dich ebenfalls orientieren. Dieses rechte Stück ist Webware, also gewebter Stoff. Er ist nicht dehnbar, Webkanten gibt es demnach an allerlei Arten von Stoffen.

Hier liegen nun alle zwölf Stoffarten, die ich im Buch nutze. Alle vernähe ich sehr gerne, denn sie bieten nicht nur tolle Funktionen, sondern auch verschiedene Strukturen.

1 **Bündchen:** Bündchenstoff ist ein sehr elastischer, gestrickter Stoff, der von mir hauptsächlich für Abschlüsse an Kleidungsstücken verwendet wird. Er eignet sich besonders gut für Bündchen an Ärmeln, Hosenbeinen und am Bauchsaum von Hosen und Sweatshirts. Es gibt glatte Bündchen und gerippte Bündchen. Beide lassen sich gleich verarbeiten, es ist eine reine Geschmackssache.

2 **Steppstoff:** Dieser hier ist elastisch und perfekt für Außenbekleidung wie die Weste, die Zip-Jacke und die Pufferjacke. Er besteht meistens aus drei Schichten, dem Oberstoff, einer Einlage und dem Futterstoff. Diese Lagen sind mit verschiedensten Designs abgesteppt, dadurch entsteht die besondere Optik. Dazwischen bilden sich kleine Luftkammern, daher ist er angenehm wärmend.

3 **Wollfleece oder Fleece:** Ein schöner, wärmender Stoff aus Wolle oder aus einer Polyester-Woll-Mischung. Bestens geeignet als Außenstoff.

4 Bouclé: Ein unterschätzter Stoff für Kinderkleidung – wie ich persönlich finde. Dieser hier ist leicht elastisch, butterweich und hat eine tolle Textur durch die Schlaufen und „Locken". Nutze ich oft für die Übergangszeit als äußeren Stoff von Westen und Jacken.

5 Stretch Frottee/Nicky: Ein weicher, anschmiegsamer Stoff, der super für eine besondere Struktur geeignet ist. Ich nutze ihn gerne für Sweatshirts, da er sehr elastisch und trotzdem kuschelweich ist. Gibt mir moderne 90er-Jahre-Schlafanzug-„Vibes".

6 French Terry: MEIN LIEBLINGSSTOFF! Nicht zu dünn, nicht zu dick, angenehm griffig und weich. Glatte Oberseite und angeraute Innenseite. Ein absoluter Allrounder für jede Art von Kleidungsstück. Die perfekte Basis und eine tolle Ergänzung zu Jersey.

7 Loden: Ein Wollstoff, der erst gewebt und dann gefilzt wird. Unfassbar warm, aber nicht dick. Ich finde ihn leicht zu vernähen und nutze ihn oft für Westen. Achtet bitte beim Kauf auf eine gute Qualität, damit für diesen Stoff keine Tiere leiden mussten.

8 Jogging-Sweat: Die dickere und kuscheligere Alternative zu French Terry. Außen ebenfalls glatt, innen dafür mit einer sehr weichen Seite. Hat auf jeden Fall mehr Stand als French Terry, ist daher toll für dicke Sweatshirts oder für Jogginghosen geeignet.

9 Rib-Jersey: Ein super beliebter Basicstoff. Relativ dünn und dem Jerseystoff sehr ähnlich, durch die gerippte Oberfläche macht er optisch noch mal richtig was her. Vor allem im Frühling und Sommer vernähe ich Rib-Jersey hoch und runter. Für jede Art von leichtem Kleidungsstück geeignet.

10 Jersey: Der „Klassiker" der elastischen Stoffe. Glatte Außen- und Innenseite, dehnbar, leicht zu vernähen, für jede Art von Kinderkleidung geeignet. Es gibt natürlich viele verschiedene Arten von Jersey, probiert euch da ruhig mal durch.

11 Teddystoff: So schön weich und so im Trend. Geht für alles, was Außenstoff betrifft. Gibt's übrigens in vielen verschiedenen Farben und manchmal sogar mit Mustern.

12 Webware aus 100% Baumwolle: Der einzige unelastische Stoff in diesem Buch. Er ist für den Bucket Hat geeignet. Leicht, standfest und er schützt vor der Sonne, ohne dass es zu heiß unter dem Hut wird.

Ich hoffe, dass ihr damit einen guten Einblick in meine liebsten und meistgenutzten Stoffarten bekommen habt. Wenn ihr neue Stoffarten ausprobiert, empfehle ich immer, diese zunächst an kleinen Stücken zu testen und auch die Sticharten darauf auszuprobieren. Damit könnt ihr Fehlstiche verhindern und „miteinander warm werden." ☺

Kleine Helferlein

MEINE HILFSMITTEL FÜRS NÄHEN

*Es gibt so viele verschiedene Hilfsmittel für Näher*innen – dabei ist der Bedarf immer sehr individuell. Nicht jede*r findet jedes Werkzeug gut. Hier sind meine Favoriten, auf die ich nicht verzichten möchte.*

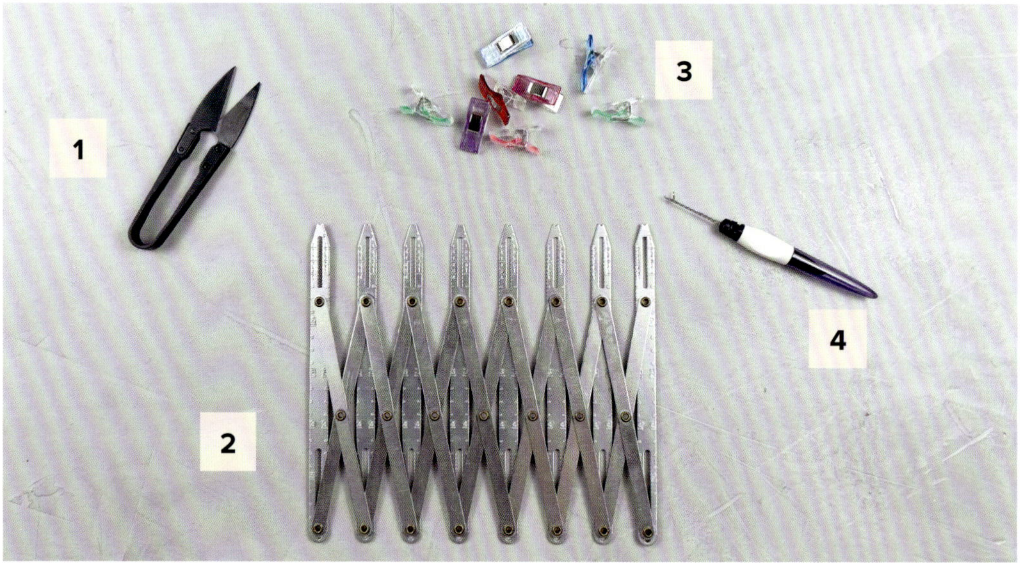

1 Links liegt ein **Fadenknipser.** Damit lassen sich ganz wunderbar kleine, überstehende Fadenenden abknipsen.

2 Unten ist ein **Abstandsmesser.** Den brauche ich für jede Knopfleiste. So lässt sich alles superschnell gleichmäßig und ohne lästiges Abmessen markieren.

3 Oben liegen die klassischen **Stoffklammern.** Sie hinterlassen keine lästigen Löcher im Stoff wie Stecknadeln und halten zuverlässig alles beisammen.

4 Rechts liegt eine **Fangnadel.** Die Funktion zeige ich dir im Kapitel „Den Faden sichern" auf Seite 24. Ist übrigens für das Einziehen von jeder Art von Faden superpraktisch.

1 Oben liegt meine geliebte **Stoffschere.** Ich sage es euch, und ich hatte wirklich jede Art und jede Preisklasse: Eine gute Stoffschere ist Gold wert.

2 Links unten ist meine **Vario-Zange.** Diese nutze ich vor allem für Druckknöpfe, damit kann man aber zum Beispiel auch Ösen anbringen. Ist auf jeden Fall die Anschaffung wert!

3 Rechts liegt mein **Mini-Bügeleisen.** Um ehrlich zu sein, hasse ich Bügeln während des Nähens, es hält immer so auf und ich finde es einfach nervig. ABER dieses Bügeleisen hat alles verändert. So klein, superschnell warm, auf meiner Arbeitsplatte benötige ich nicht mal eine Unterlage, es kann auf einer Silikonmatte abgestellt werden, kann sogar dampfen und ist sooo flexibel! Ein Gamechanger, denn wie Oma sagte: „Gut gebügelt ist halb genäht." Und sie hatte definitiv recht ☺.

Let's sew!

NÄHEN UND NÄHTE SCHLIESSEN

Jetzt geht's ans Eingemachte bzw. an die Nähmaschine! Wenn du dieses Buch besitzt, hast du sicher schon mal genäht. Ich zeige dir hier zwei verschiedene Arten, um Nähte zu schließen. Auf den Fotos auf der nächsten Seite nähe ich rechts mit einer Haushaltsnähmaschine, links mit einer Overlock.

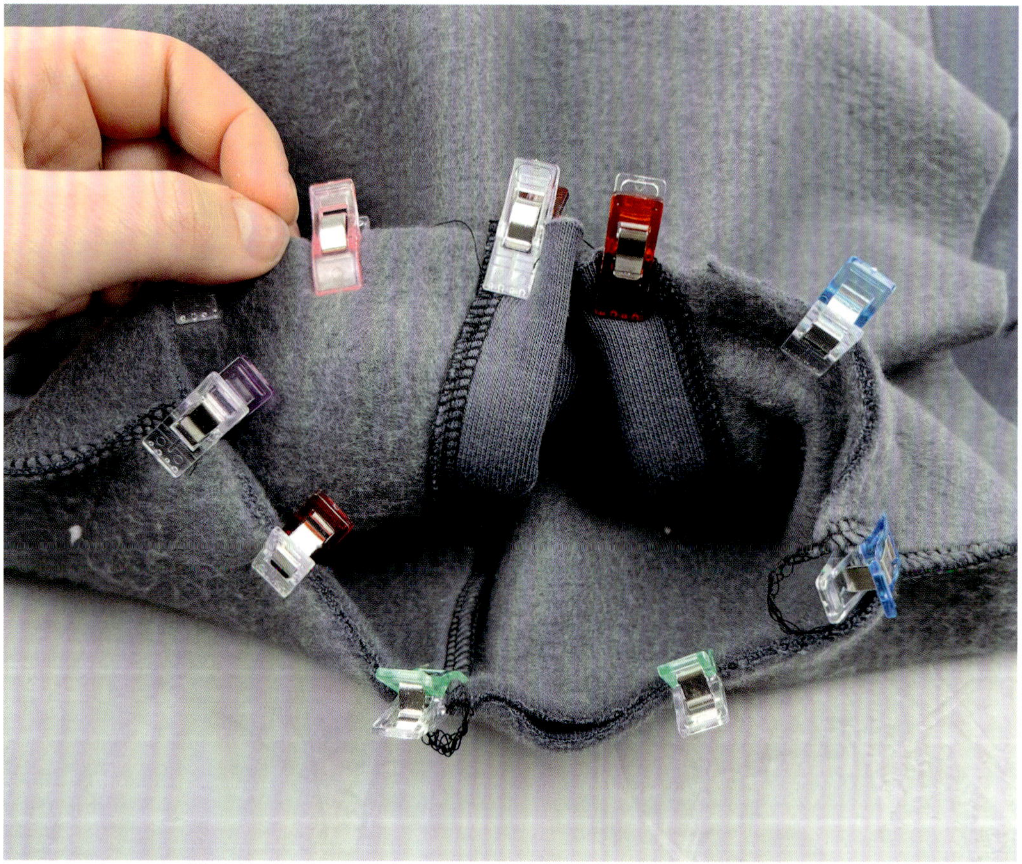

Beide Stoffstücke liegen im Bruch, das heißt, dass links die Falte (d. h. der Bruch) ist und rechts die Kanten aufeinanderliegen.

Mit einer Overlock-Nähmaschine kannst du innenliegende Nähte einfach in einem „Rutsch" schließen, denn sie versäubert die offenen Stoffkanten direkt im gleichen Schritt. Mit einer normalen Nähmaschine nähst du erst die Stofflagen mit einem Geradstich oder Dreifach-Geradstich zusammen und lässt dabei füßchenbreit die Nahtzugabe.

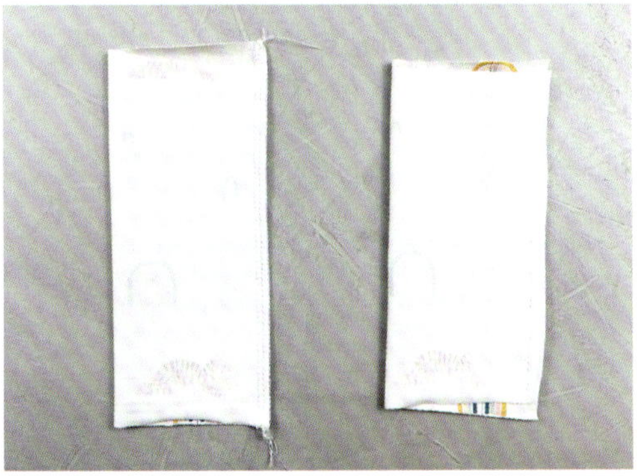

Danach versäuberst du die offenen Kanten rechts neben der Naht mit einem großen Zickzackstich. Das ist zwar bei dehnbaren Stoffen wie Jersey etc. nicht nötig, da dieser nicht so ausfranst wie Webware, aber ich persönlich finde es optisch schöner und es ist auch angenehmer zu tragen, wenn sich die beiden Kanten nicht immer aufrollen. Das sind die beiden Techniken, die ich beim Nähen nutze.

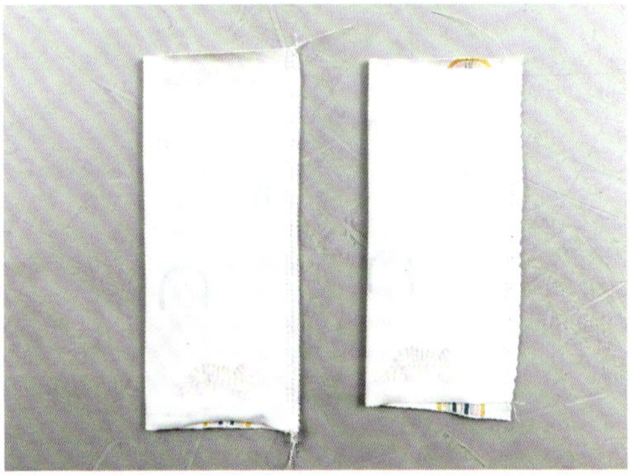

Down the line

DIE WICHTIGSTEN STICHARTEN

Verschiedene Projekte und Nähschritte benötigen auch verschiedene Sticharten. Hier ist ein kleiner Überblick über meine meistgenutzten Stiche mit meiner Haushaltsnähmaschine in diesem Buch!

Der Stoff liegt auf dem Bild auf der folgenden Seite so, dass du die linke Seite siehst, da man den Kontrast bzw. die Wirkung der Stichart da einfach besser sehen kann. Mit der Overlock nutze ich immer den 4-Faden-Overlockstich, der gleichzeitig zusammennäht und versäubert. Der ist hier auf dem Foto nicht zu sehen, schau dafür einfach noch einmal auf Seite 19 nach.

Stichlänge und -breite beeinflussen die Nähte. Eine niedrige Stichlänge erzeugt engere Nähte durch mehr Stiche auf kleinem Raum. Eine höhere Stichlänge ergibt lockere Nähte mit weniger Stichen, geeignet für dickere Stoffe. Bei Zickzackstichen kann die Stichbreite variiert werden, was festlegt, wie weit die Nadel sich seitlich bewegt. Probiere dort einfach auf kleinen Stoffresten aus, was mit deiner Nähmaschine auf welcher Stoffart am besten funktioniert. Das kann nämlich je nach Nähmaschine, Stoffart und Garn total variieren.

Gutes Garn ist das Wichtigste überhaupt. Da sagte Oma schon: „Wer billig kauft, kauft zweimal.“ Vielleicht lohnt sich sogar ein Garnkoffer mit vielen verschiedenen Farben für euch.

Außerdem ist die richtige Nadel wichtig. Es gibt verschiedene Marken, Nadelsysteme, Nadelstärken und Nadeltypen. Abgesehen von den Marken gibt es zunächst Nadeln mit Rundkolben und mit Flachkolben. Welche du benötigst, ist von deiner Nähmaschine abhängig.

Die Nadeltypen, die ich in diesem Buch nutze, sind Universalnadeln, Jerseynadeln, Stretchnadeln und Zwillingsnadeln. Davon gibt es dann zusätzlich noch verschiedene Stärken.

Eine generelle Beratung kann ich dir nicht bieten, dafür ist das alles viel zu individuell und von Nähmaschine, Stoff und Garn abhängig. Mit ein bisschen Recherche findest du bestimmt schnell deine passenden Nadeln!

1
2
3
4
5
6

1 Der Geradstich: der absolute Klassiker und das „simpelste“, was eine Nähmaschine kann. Hiermit kannst du eigentlich fast alles machen – außer Stoffkanten versäubern. Der robuste Stich verläuft in einer geraden Linie von oben nach unten und verwendet hierbei Fäden beider Spulen. Außerdem kannst du – alternativ zur Zwillingsnadel – nacheinander zwei Geradstiche nebeneinander platzieren. Auch so kann ein Coverlock-Effekt erzeugt werden.

2 & 3 Der Zickzackstich: links ist er etwas schmaler, rechts etwas breiter. Dieser Stich ist perfekt zum Versäubern von offenen Stoffkanten, wenn du keine Overlock besitzt. Außerdem steppe ich gerne alle Arten von Säumen damit ab, denn er ist flexibel, dehnbar und sieht dabei hübsch aus.

4 Der Dreifach-Geradstich: Er ist eine Alternative zum normalen Geradstich. Hier kannst du einfach schauen, was für dich gut funktioniert. Oft wird bei elastischen Stoffen dazu geraten, den Dreifach-Geradstich zu nutzen, da er dehnbarer ist und dadurch ein Reißen der Naht verhindert werden kann. Außerdem kannst du – alternativ zur Zwillingsnadel – zwei Nähte mit dem Dreifach-Geradstich nebeneinander nähen. Auch so kann ein Coverlock-Effekt erzeugt werden. Probier ihn doch einfach mal aus!

5 Der Fake-Overlock-Stich: Manche Nähmaschinen können auch diesen Stich nähen. Vielleicht ist er eine Alternative zur Overlock für dich? Schau doch mal in das Handbuch deiner Nähmaschine und probiere ihn aus. Ich selber nutze ihn nie, wollte ihn dir aber kurz vorstellen.

6 Zierstiche: Viele Nähmaschinen können außerdem mit Zierstichen nähen! Das kann ein total schönes Highlight als Saumnaht werden. Schau doch auch hierfür mal in dein Handbuch.

Fertig mit Nähen?

DEN FADEN SICHERN

Wenn du mit einer normalen Nähmaschine nähst, verriegelst du die Naht, indem du am Anfang und am Ende einfach ein paarmal 0,5cm vor- und zurücknähst. Bei einer Overlock ist das nicht möglich, deshalb zeige ich dir hier meine Methode, was ich mit einem offenen Fadenende mache.

1 Wenn bei einer Overlocknaht kein weiteres Teil angenäht wird, sondern dies einfach das Ende ist, bleibt die Fadenraupe übrig. Achte darauf, dass du bei der Overlock auch wirklich immer 5 bis 8 cm über das Ende hinwegnähst, sonst ist das Fadenende zu knapp.

2 Ich verknote am allerliebsten diese Fadenraupe, indem ich eine Schlaufe sehr knapp um meinen Zeigefinger mache, nah am Fadenansatz. Diesen Knoten ziehe ich dann straff zu. Der Knoten sitzt dann exakt am Stoff.

3 Wenn der Knoten straff genug ist und du dir sicher bist, dass er nicht aufgeht, kannst du den restlichen Faden abknipsen. Andernfalls kannst du den Faden mit einer sogenannten Fangnadel einziehen. Dafür gehst du mit der Spitze der Fangnadel ca. 4 cm durch die Overlocknaht und legst das Ende der Fadenraupe in den Haken.

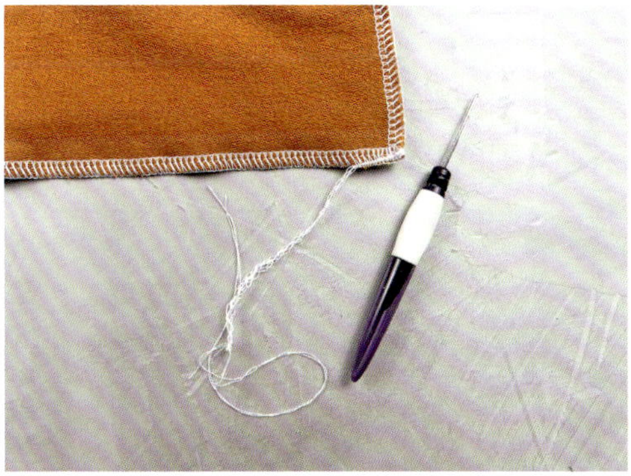

4 Dann ziehst du die Fangnadel langsam rückwärts wieder aus der Naht, dabei schließt sich der Haken mithilfe des beweglichen Teils. Das immer noch überstehende Fadenende der durchgezogenen Fadenraupe kannst du nun abknipsen und deine Naht ist gesichert.

Der krönende Abschluss

SÄUME NÄHEN

Es gibt verschiedene Arten von Säumen, die du an Ärmeln, Bauchbund oder Beinabschlüssen deiner Kleidungsstücke anbringen kannst. Für die Projekte in diesem Buch brauchst du aber erst einmal nur die ganz einfache Basic-Variante. Ich zeige ich dir, wie diese mit der Haushaltsnähmaschine und der Coverlock genäht wird.

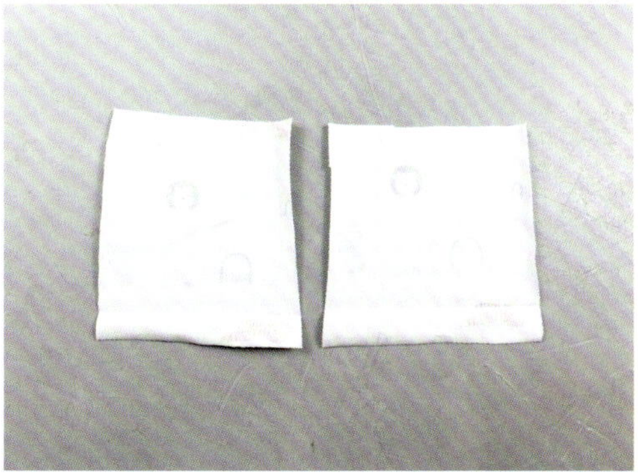

1 Ich habe mir hier die gewünschte Saumlänge schon mit dem Bügeleisen markiert, indem ich die untere Kante um 2,5 cm nach innen gebügelt habe.

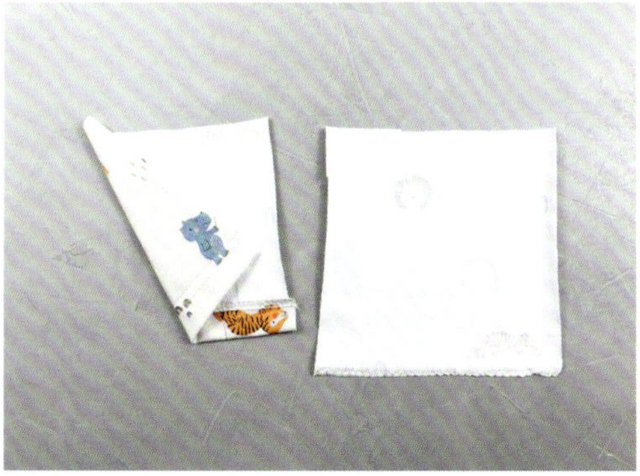

2 Links habe ich den Saum mit der Coverlock umgenäht, innen wird die Kante versäubert und außen mit doppeltem Geradstich abgesteppt. Den gleichen Effekt kannst du mit der Zwillingsnadel an der normalen Nähmaschine erreichen. Dazu wird zuerst die Kante wie rechts auf dem Bild mit einem großen Zickzackstich versäubert …

3 … um sie dann ebenfalls mit einem Zickzackstich oder mit einem Dreifach-Geradstich von rechts abzusteppen. So erreichst du schöne, langlebige Säume.

Sew easy!

DRUCKKNÖPFE ANBRINGEN

Bei all meinen Projekten nutze ich Druckknöpfe aus Metall. Das Anbringen ist einfach, sie sind langlebig und auch für Kinder gut zu öffnen.

1 Verstärke bei leichten und dünneren Stoffen die vorgesehene Stelle mit sogenannten Wonderdots oder Vlieseline. Da ich hier einen dickeren Joggingstoff nutze, verstärke ich ihn nicht mehr zusätzlich.

2 Ein Druckknopf besteht aus vier einzelnen Teilen, davon zwei Ringe mit Zacken und den beiden passenden Gegenstücken.

3 Die Druckknöpfe kannst du auf verschiedene Arten anbringen, ich nutze hier eine Vario-Zange mit passendem Aufsatz.

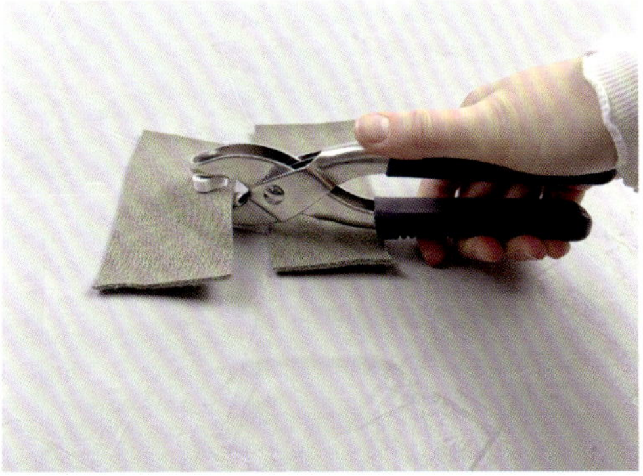

4 Platziere ein Zackenteil mit den Spitzen nach oben im unteren Teil der Zange. Auf die obere Seite der Zange kommt das flache Teil mit dem Loch in der Mitte. Die offene Seite davon zeigt in Richtung der Zacken. Schiebe die (verstärkte) Stofflage in die Zange und drücke diese fest zu.

5 Öffne die Zange und platziere das Zackenteil in der Zange. Das Teil mit dem kleinen Zapfen kommt auf die andere Seite. Die offene Seite zeigt zu den Zacken. Drehe die Zange vor dem Befestigen, sodass das Zackenteil oben und das Gegenstück unten sind. Schiebe die (verstärkte) Stofflage in die Zange und drücke sie fest zu.

6 Entferne die Zange. Nun kannst du den Druckknopf schließen.

Fantastisch elastisch

GUMMIBÄNDER VORBEREITEN UND ANNÄHEN

Kennt ihr diese Hosen oder Ärmel mit Gummibund, bei denen IMMER etwas verdreht und dadurch unbequem ist? Ich habe dafür einen Trick, damit es bei euren selbst genähten Werken nicht passiert. Mein Gummiband sitzt immer gleichmäßig gedehnt und unverdrehbar. Und so geht's:

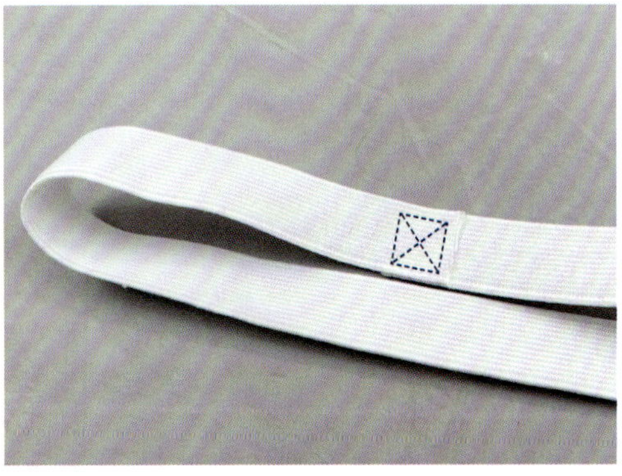

1 Lege dein Gummiband zum Kreis und lass die Enden ca. 1,5 cm überlappen. Dann nähst du mit einem Geradstich ein Viereck über die überlappenden Kanten. In der Mitte nähst du dann noch einmal über Kreuz. So ist alles fest.

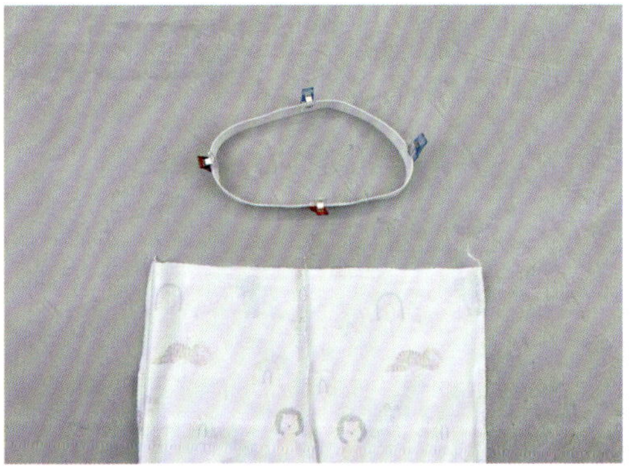

2 Teile das Gummiband in vier gleich große Abschnitte ein: Eine Klammer kommt direkt auf die Naht, eine gegenüber davon. Lege beide Klammern nebeneinander, und markiere oben und unten. Bei Bedarf kannst du das Stoffteil in vier Abschnitte teilen. Bei mir sind hier schon jeweils Nähte.

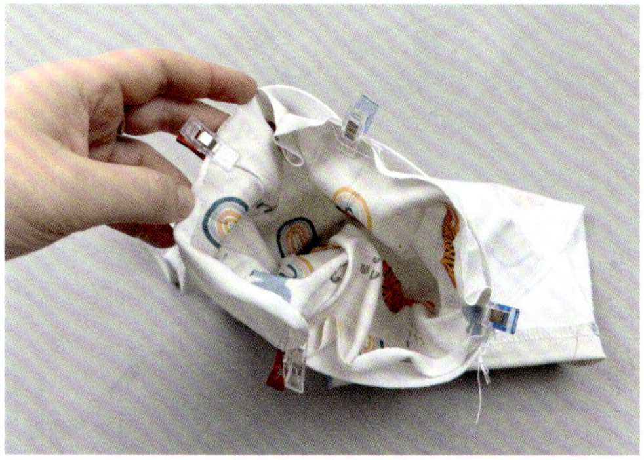

3 Befestige nun das Gummiband mithilfe der Klammern auf der linken Seite des gewünschten Stoffteils. Die mit Klammern markierten Viertel des Gummibands treffen auf die Nähte des Stoffteils. So ist direkt alles gleichmäßig in Viertel eingeteilt. Das Gummiband (nicht das Stoffteil) musst du dabei ein bisschen dehnen, damit alles passt.

4 Du kannst das Gummiband entweder mit einem Geradstich und anschließendem Versäubern mit einem Zickzackstich oder direkt mit der Overlock annähen. Beginne dafür an einer Seite und nähe Stück für Stück weiter, die Naht ist knapp neben der oberen, offenen Kante. Das Gummiband musst du dabei von Viertel zu Viertel so dehnen, dass es exakt so lang wie die Strecke des Stoffs ist. Der Stoff wird nicht gedehnt. Arbeite dich langsam immer weiter vor. So sieht es nun aus!

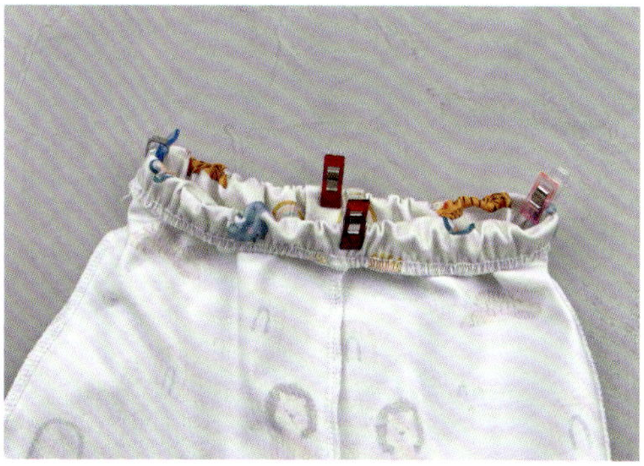

5 Jetzt faltest du das angenähte Gummiband nach innen um. Die innere, obere Gummibandkante sitzt dabei genau in der Stofffalte, sodass dort keine Lücke zwischen Stoff und Gummiband ist. Klemme dir bei Bedarf alles am oberen Rand fest.

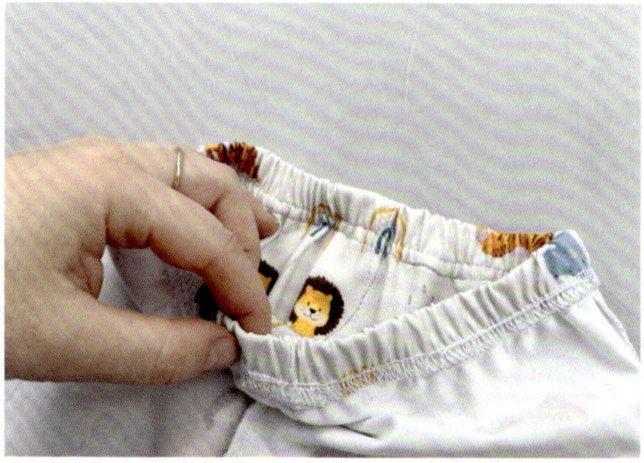

6 Nun steppst du das Gummiband ab. Nähe dafür auf der gerade genähten Naht und dehne wieder alles gleichmäßig. Auch hier kannst du bei Bedarf vorher wieder alles in Viertel teilen. Ich mache es nach Gefühl. Das Absteppen geht mit einem Zickzackstich, der Zwillingsnadel oder der Coverlock. Fertig ist dein unverwüstlicher Gummibund!

Sew comfy!

DER BÜNDCHENTRICK

Bündchen werden meistens als Abschlüsse am Hals, an den Armen, am Bauch oder an den Beinen genutzt. Bündchenstoff ist schön weich und dehnbar und sitzt angenehm am Körper. Außerdem kann man mit Bündchen richtig tolle Akzente setzen. Ich nähe Bündchen am liebsten mit dem Bündchentrick an. So sitzen die Nähte dort fest aufeinander, können sich nicht verschieben, sind angenehm zu tragen und auch wirklich flott genäht.

1 Lege deine Bündchen mit der rechten Seite nach oben und ausgeklappt vor dich.

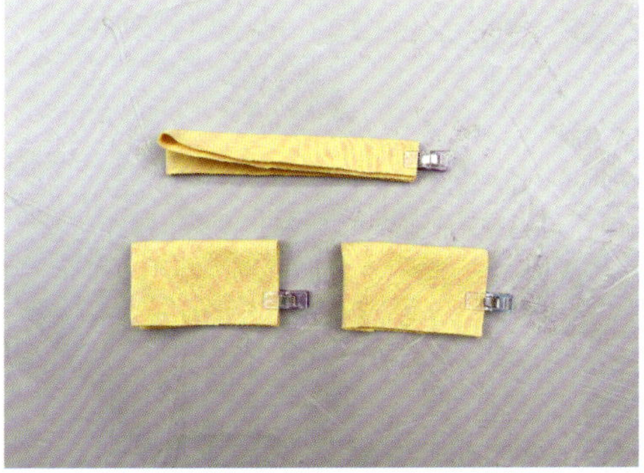

2 Falte nun jedes Teil von links nach rechts, sodass die Kanten rechts aufeinanderliegen. Danach faltest du jedes Teil von oben nach unten, sodass alle offenen Kanten nach unten zeigen. Wenn du magst, kannst du hier einmal heiß drüberbügeln und dann jedes Teil jeweils mit einer Klammer fixieren.

3 Es befinden nun vier Lagen Bündchenstoff übereinander.

4 Schließe die rechte, offene Kante an jedem der Teile mit einem Geradstich.

5 Mit Daumen und Zeigefinger nimmst du nun die inneren beiden Stofflagen, hältst diese fest und stülpst die untere Lage komplett nach hinten um. Dein Bündchen ist nun vorbereitet. Das kannst du mit jeder Art von Bündchen so machen.

6 Um das Bündchen anzunähen, gehst du wie folgt vor. Teile dir bei langen Bündchenstrecken wie Hals, Bauch oder Hosenbund sowohl Bündchen als auch den Stoff an der entsprechenden Kante in vier gleich große Teile ein.

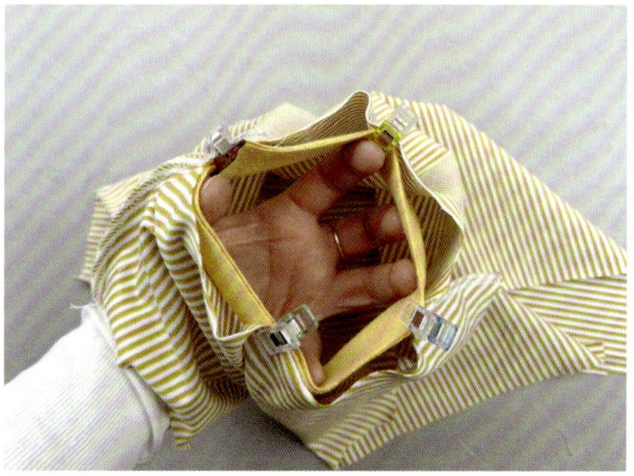

7 Dann überträgst du die geviertelten Strecken des Bündchens an den entsprechenden Stoffabschnitt. Das Bündchen ist immer kürzer als das Teil selbst, dadurch entsteht der schöne, „zusammenhaltende" Effekt.

8 Platziere die Naht des Bündchens an einer Naht vom Hauptteil, so verschwindet diese später optisch am besten. Nähe nun das Bündchen an. Dabei startest du kurz vor der Naht am Bündchen, damit diese nicht verrutscht. Dann nähst du weiter im Kreis, das Bündchen dehnst du dabei gleichmäßig von Klammer zu Klammer. Der Hauptstoff wird nicht gedehnt. Am Ende angekommen, nähst du 2 cm über die Naht hinaus und schließt diese dann entweder durch Vor- und Zurücknähen, oder indem du den Overlockfaden verknotest.

9 Bei kleineren Strecken wie Armbündchen liegt die linke Seite des Projektes außen, dann stecke ich das Armbündchen in den Ärmel. Die offene Kante zeigt nach unten.

10 Fixiere die Nähte aufeinander. Optional kannst du eine weitere Klammer als Hilfe nutzen.

11 Nähe auch das Armbündchen einmal rundherum fest und verriegele die Naht wie in Schritt 8 beschrieben.

Sitzt, passt, wackelt und hat Luft

ZUSCHNITT UND SCHNITTMUSTER

Jetzt hast du die Grundtechniken drauf, kennst deine Nähmaschine und möchtest dich wahrscheinlich am liebsten schon ins Abenteuer stürzen. Bevor du drauflosnähen kannst, solltest du dich allerdings auch noch damit vertraut machen, wie das Schnittmuster deines Wunschprojekts aufgebaut ist und wie du deinen Stoff zuschneidest!

VORBEREITUNG DES SCHNITTMUSTERS

Materialien bereitlegen

Zum Beispiel: gewünschter Schnittmusterbogen, Schere, Stecknadeln oder Klammern, große Unterlegscheiben zum Beschweren, Stoffkreide oder Marker, Maßband, Kopierpapier, Seidenpapier oder transparente Bauplane.

Schnittmuster auswählen

Wähle das gewünschte Schnittmuster für dein Projekt aus. Überprüfe die benötigten Materialien, Markierungen und Hinweise in der Anleitung.

Schnittmuster ausfalten

Lege den Schnittmusterbogen auf eine ebene Oberfläche und falte ihn vorsichtig auseinander. Auf einem Schnittmusterbogen befinden sich mehrere Schnitte in jeweils zwölf Größen.

Größe und Linien ausfindig machen/markieren

Lege das Seidenpapier, die Bauplane oder das Kopierpapier auf den Schnittbogen. Damit kannst du die Schnittteile in deiner gewünschten Größe abpausen und danach ausschneiden. So bleibt der Bogen ganz und du kannst ihn mit allen Schnitten wieder und wieder nutzen. Fahre mit Bleistift oder einem Marker die Linien für die gewünschte Größe und die Schnittteile, die du benötigst, nach.

Schnittmusterteile markieren

Übertrage alle Angaben wie Fadenlauf, Markierungen, Knipse und Größe auf deine Schnittteile. So erinnerst du dich immer an alles.

ZUSCHNEIDEN DES STOFFS

Vorbereitung des Stoffs

Wasche den Stoff vor, falls er vor dem Zuschneiden einläuft. Bügle den Stoff bei Bedarf, um Falten zu vermeiden, und lege ihn glatt auf eine saubere, ebene Fläche.

Schnittmuster fixieren

Platziere das Schnittmuster auf dem Stoff. Achte darauf, dass das Schnittteil richtig im Fadenlauf liegt, um das Verziehen des Kleidungsstücks zu vermeiden. Fixiere jedes Teil mit Stecknadeln oder den großen Unterlegscheiben, um ein Verrutschen während des Zuschnitts zu verhindern.

Nahtzugabe hinzufügen

Die Schnittmuster enthalten keine Nahtzugaben. Füge entlang der Schnittkanten die Nahtzugabe (0,5 cm) hinzu und schneide den Stoff dementsprechend zu. An den Arm- und Beinsäumen beträgt die Saumzugabe 2cm. Achte auch auf die Angaben in der jeweiligen Anleitung.

Sorgfältiges Schneiden

Verwende eine scharfe Schere und schneide entlang der markierten Linien des Schnittmusters die Stoffteile genau aus. Achte darauf, saubere und gerade Schnitte zu machen. Übertrage auch die Markierungen. Knipse dafür zum Beispiel an den Ärmeln an den entsprechenden Linien minimal in die Nahtzugabe der Schnittteile. Diese kleinen Schnitte nenne ich ab sofort immer „Knipse“.

ANNES TIPP

Das Vorbereiten von Schnittmustern und das Zuschneiden von Stoffen erfordert etwas Geduld und Sorgfalt. Achte darauf, möglichst genau zu arbeiten. Du hast es dann später bei der Verarbeitung deines Stoffs leichter, versprochen!

It's a match!

TIPPS ZUM KOMBINIEREN VON STOFFEN

Das Kombinieren von Stoffen mit verschiedenen Mustern, Farben und Strukturen erfordert nicht viel. Es ist die Freiheit der Kreativität, die jegliche Kombination zu deinem persönlichen Liebling werden lässt. Ein gewisses Maß an Planung und Fingerspitzengefühl kann dir dabei helfen, aus wenigen Kleidungsstücken eine ganze Mix&Match-Kollektion für dein Kind entstehen zu lassen. Hier sind einige Schritte und Tipps, die dabei helfen können.

KENNE DIE GRUNDLAGEN

Verstehe die Grundprinzipien von Stoffeigenschaften, Mustern, Farben und Texturen. Schaue dir das Farbrad, Kontraste und Komplementärfarben an und betrachte verschiedene Muster wie Streifen, Punkte, florale Muster, Karos, Linien, abstrakte Muster usw.

WÄHLE EIN HAUPTMUSTER, EINE HAUPTFARBE ODER STOFFART AUS

Entscheide dich für einen Hauptstoff, eine Farbe oder ein Hauptmuster, das dir gefällt und das du betonen möchtest. Es muss nicht deine einzige Wahl sein, schau einfach, was im Fokus deiner Kombination oder deiner Kollektion stehen soll.

HALTE DAS GLEICHGEWICHT

Stelle sicher, dass das Outfit und deine Kollektion ausgewogen wirken. Wenn du ein auffälliges Muster oder kräftige Farben als Key-Piece verwendest, kombiniere sie mit ruhigeren, einfarbigen Stoffen oder simpleren Mustern, um das Gesamtbild ausgewogen zu halten. Es muss aber nicht immer einfarbig sein, damit es ausgewogen wirkt. Ein gemustertes Teil kann wunderbar mit einem mehrfarbigen Kleidungsstück ohne Muster kombiniert werden. Damit meine ich zum Beispiel einen Pulli mit zwei verschiedenfarbigen Ärmeln.

BEACHTE DIE FARBPALETTE

Wähle Farben, die harmonieren oder sich ergänzen. Monochrome Looks (Ton in Ton) oder Komplementärfarben können gut zusammenpassen. Ein Farbrad kann dir helfen, Farbkombinationen zu finden, die zueinander passen. Auch die Farbtemperatur kann dir als Orientierung dienen. Magst du lieber warme oder lieber kühle Farben?

PROBIERE TEXTUREN AUS

Spiele mit verschiedenen Stoffarten und Texturen. Kombiniere glatte Stoffe mit groben, strukturierten Stoffen, um coole Kontraste zu erzeugen.

STARTE MIT KLEINEN SCHRITTEN

Wenn du unsicher bist, beginne mit kleinen Experimenten. Schneide dir aus deiner groben Auswahl 5 x 5 cm große Quadrate aus und lege sie zusammen. Du siehst schnell, ob dir deine Wahl gefällt oder nicht.

VERTRAUE AUF DEINE INTUITION

Manchmal sind Regeln dazu da, gebrochen zu werden. Und außerdem – wer legt denn eigentlich beim Nähen die Regeln fest? Wenn dir etwas gefällt und du und dein Kind sich damit wohlfühlen, ist das das Wichtigste. Vertraue deinem eigenen Stil und deinem Gefühl für Ästhetik.

BEOBACHTE UND LERNE

Schau dir verschiedene Zeitschriften, Blogs oder soziale Medien an, um Inspiration zu erhalten. Beobachte vielleicht auch einfach im Alltag, was dir so begegnet. Inspiration ist überall!

ÜBE UND EXPERIMENTIERE

Das Kombinieren von Mustern und Stoffen erfordert Übung und Mut. Sei einfach dazu bereit, zu experimentieren und verschiedene Kombinationen auszuprobieren, um deinen eigenen Stil zu entwickeln. Du kannst ja gar nichts falsch machen! ☺

Projekte

Die Theorie ist geschafft – so trocken war es gar nicht, oder? Jetzt geht es richtig los! Schnapp dir das Material, such dein Lieblingsprojekt aus und leg los! Hier warten jetzt so viele Schnitte auf dich, ich bin gespannt, was ab sofort alles mit deinen kreativen Händen entstehen wird.

Oversized Tee

Ein gut sitzendes T-Shirt ist nicht leicht zu finden? Jetzt schon. Leichter Oversize-Schnitt, nicht schlabberig und nicht eng, die perfekte Länge, dank überschnittener Ärmel und Rundhalsausschnitt eine unvergleichliche Bewegungsfreiheit und Gemütlichkeit und es sieht alles in allem richtig, richtig cool und lässig aus. Let's go!

DAS BRAUCHST DU

Material

Dehnbare Stoffe wie Rib-Jersey, Jersey, Waffeljersey ... – ich nähe hier mit Jersey.

Stoffverbrauch

Bei einer Stoffbreite von 140 cm brauchst du ca.:

- Größe 74–86: 50 cm
- Größe 86–104: 55 cm
- Größe 104–116: 60 cm
- Größe 122–134: 70 cm
- Größe 140: 80 cm

Bündchenware: 10 cm

Alle Angaben großzügig und ohne Garantie. Geh lieber auf Nummer sicher. ☺

ZUSCHNITT

Schnittbogen 1

Gib rundherum eine Nahtzugabe von 0,5 cm hinzu, an den Ärmeln und Bauch kommen je 2 cm Saumzugabe dazu.

- 1x Vorderteil im Bruch
- 1x Rückteil im Bruch
- 2x Ärmel (gegengleich)
- 1x Halsbündchen im Bruch

Schwierigkeitsgrad:
1 von 3 Walen

So geht's

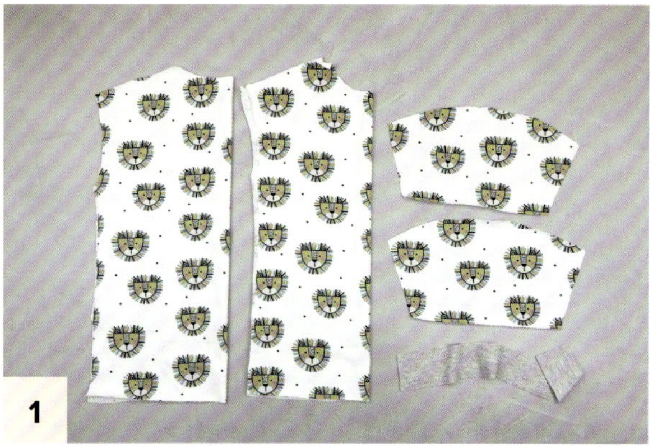

1

3

2

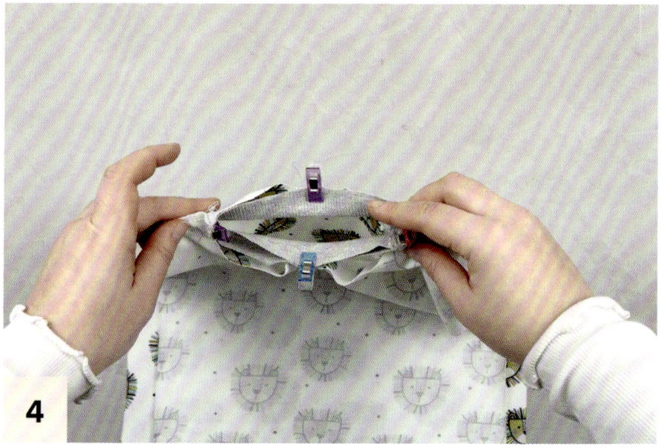

4

1 So sieht das Oversized Tee nach dem Zuschnitt aus.

2 Lege Vorder- und Rückteil rechts auf rechts aufeinander, stecke die beiden Schulternähte fest und schließe die Nähte.

3 Nun kannst du das Halsbündchen wie vorne im Buch beschrieben (siehe Seite 32) vorbereiten und in den Halsausschnitt einnähen.

4 Übertrage die vier gleich großen Abschnitte des Bündchens auf die entsprechenden Abschnitte im Halsausschnitt. Die Naht des Halsbündchens lege ich dabei an eine der Schulternähte, so gehen beide ineinander über und es sieht sauberer aus. Nähe das Bündchen gleichmäßig gedehnt ein, der Stoff vom Oversized Tee wird dabei nicht gedehnt.

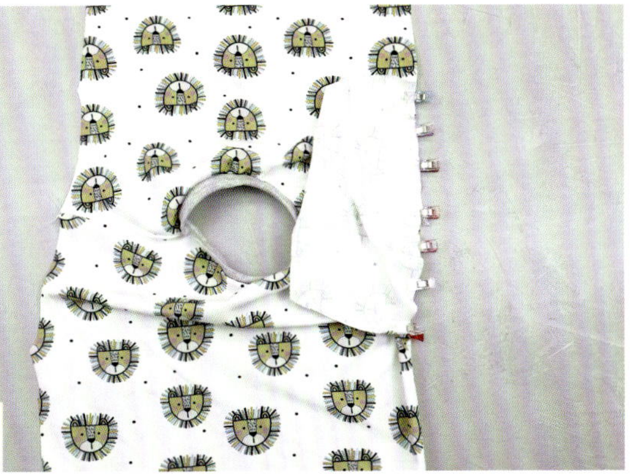

5

7

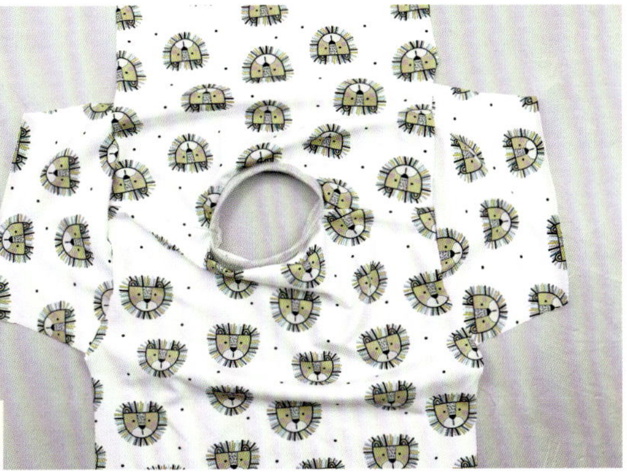

6

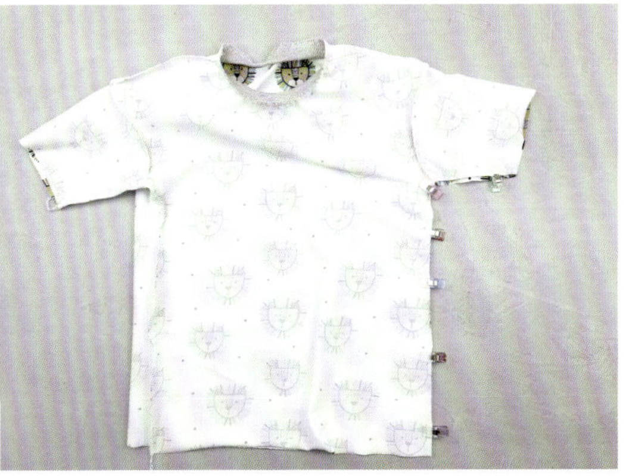

8

5 Wenn dein Bündchen eingenäht ist, kannst du das Tee wie auf dem Bild aufklappen und die Ärmel feststecken. Dafür legst du den Ärmel rechts auf rechts in den Armausschnitt und steckst die Rundungen Stück für Stück aufeinander. Achte dabei auf die beim Zuschnitt von dir übertragenen Markierungen, die Seite der zwei Knipse am Ärmel kommen an das Vorderteil und der einzelne Knips kommt ans Rückteil.

6 Nähe beide Ärmel nacheinander fest. Das sieht im auseinandergefalteten Zustand nun so aus.

7 Lege Vorder- und Rückteil sowie die Ärmel, wie im Bild zu sehen, rechts auf rechts. Nun kannst du die Seitennähte nacheinander schließen. Da das Rückteil für eine ergonomische Passform breiter ist als das Vorderteil (so verzieht sich beim Tragen wirklich gar nichts), fängst du am besten mit der linken Seite an, steckst alles fest und nähst dann vom Ärmelanfang bis zum Saumende. Achte vor allem darauf, dass die Nähte in der Achsel alle schön aufeinandertreffen.

8 Danach kannst du die rechte Seitennaht wie oben beschrieben ebenfalls schließen.

Weiter geht's

9

10

9 Nun kannst du Ärmelsäume und Bauchsaum an den offenen Kanten mit einem Zickzackstich versäubern, die Kante jeweils 2 cm nach innen umschlagen, bügeln und mit einem Zickzackstich oder der Zwillingsnadel von rechts absteppen. Du kannst während des Nähens Stück für Stück fühlen, ob der Saum auf der Unterseite noch richtig liegt.

10 Fertig ist dein supercooles Oversized Tee!

ANNES TIPP

Hier kannst du kreativ werden. Tobe dich mit Unifarben und Mustern aus oder nähe vielleicht die Tasche des coolen Joggers hier auf die Brust auf. Der Schnitt macht alles mit!

Pufferweste

Das Herzstück dieses Buchs ist die Pufferweste. Sie ist zu jeder Jahreszeit praktisch und stylisch. Leicht und dennoch sehr warm, perfekt für wechselhaftes Wetter oder kühlere Tage. Da sie kaum Platz braucht, kann man sie leicht mitnehmen. Die Bewegungsfreiheit wird nicht eingeschränkt und der Oberkörper warm gehalten. Je nach Stoffwahl wird die Weste zum I-Tüpfelchen von jedem Outfit.

DAS BRAUCHST DU

Material

Dehnbare und nicht dehnbare Stoffe. Ich empfehle die Kombination aus nicht dehnbarem Außen- und dehnbarem Innenstoff. Ich nähe hier mit Washed Cotton (außen) und mit Rib-Jersey (innen). Außerdem brauchst du Volumenvlies mit 1–2,5 cm Höhe, je nachdem, wie dick die Weste sein soll.

Stoffverbrauch

Bei einer Stoffbreite von 140 cm brauchst du jeweils vom Außen- und Innenstoff sowie vom Futter:

- Größe 74–86: 40 cm
- Größe 92–104: 45 cm
- Größe 110–128: 50 cm
- Größe 134–140: 55 cm

5 Druckknöpfe

ZUSCHNITT

Schnittbogen 2

Gib rundherum eine Nahtzugabe von 0,5 cm hinzu. Übertrage alle Knipse, auch die Markierungen für die Knöpfe, auf der Vorderseite der beiden Vorderteile.

Schneide aus Außen-, Innenstoff und Futter je Folgendes zu:

- 1x Rückteil im Bruch
- 2x Vorderteil (gegengleich)

Schwierigkeitsgrad:
2 von 3 Walen

So geht's

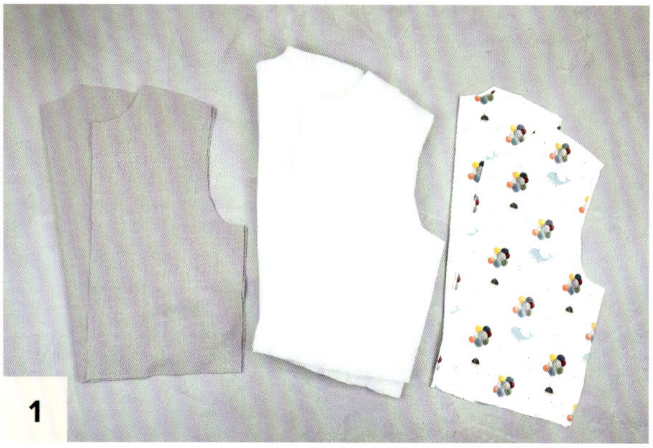

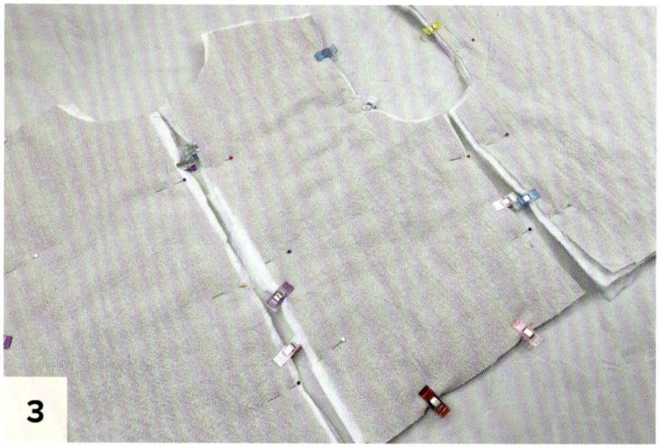

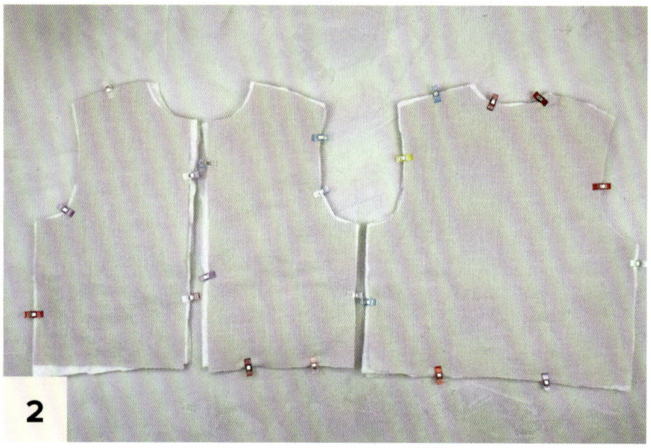

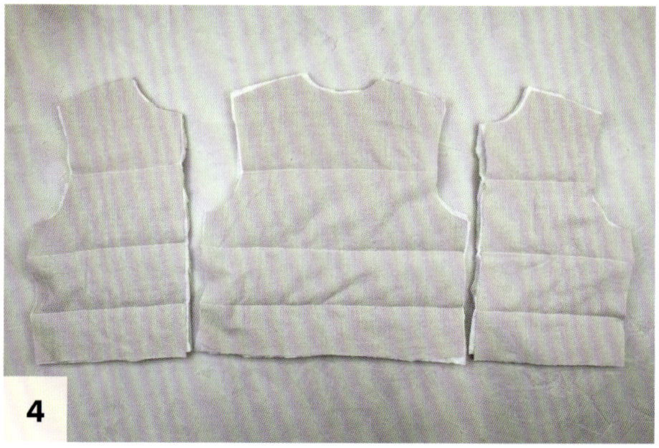

1 So sieht deine zugeschnittene Pufferweste aus. Auf dem Foto liegen die Vorderteile noch gegengleich aufeinander, genau wie das Rückteil im Bruch liegt.

2 Zuerst stellst du deinen eigenen Steppstoff für die Außenseite her. Dafür legst du den Außenstoff mit der rechten Stoffseite nach unten auf das Volumenvlies. Streiche mehrfach alles glatt, während du außen herum alles mit Klammern fixierst. So kann dir das Volumenvlies nicht verrutschen.

3 Nun misst du die Höhe des Rückteils und teilst diese durch vier. Die entsprechenden Abschnitte markierst du dir nun mit Nadeln, Klammern oder kleinen Strichen. Das sind die Markierungen für das Absteppen. Die exakt selben Maße markierst du dir nun jeweils links und rechts auf dem Rückteil und auf den beiden Vorderteilen.

4 Nun steppst du mit einem großen Geradstich von Markierung zu Markierung quer über die Teile, sodass sowohl beide Vorder- als auch das Rückteil mit drei Nähten abgesteppt sind. Du hast jetzt einen tollen Steppstoffeffekt und das Volumenvlies ist ganz nebenbei gleichmäßig fixiert.

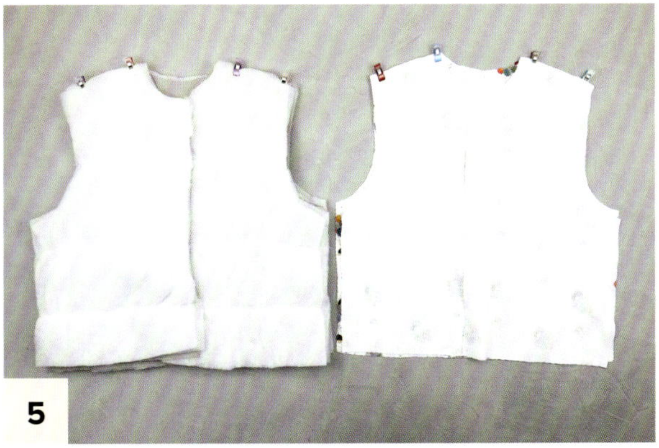

5

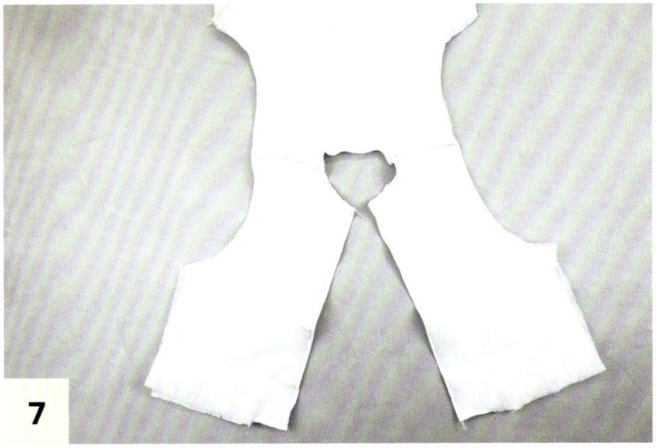

7

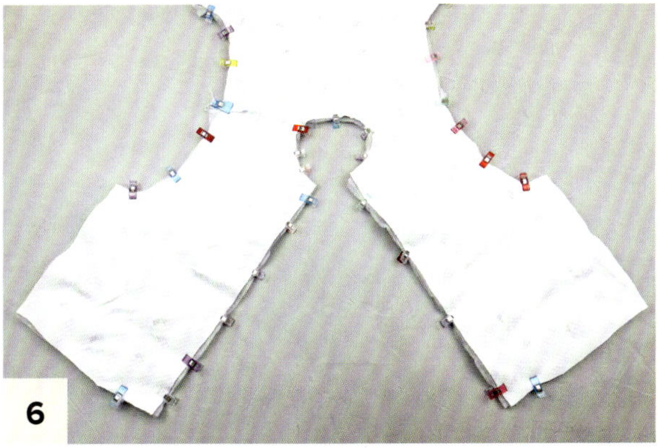

6

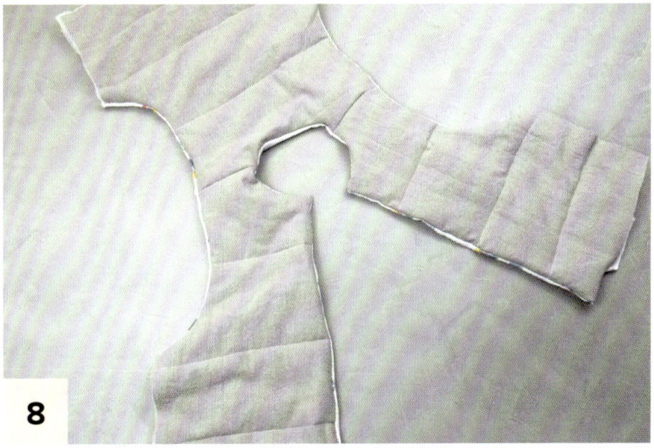

8

5 Zeit, die Schulternähte zu schließen. Dafür legst du Schulter auf Schulter die beiden Vorderteile rechts auf rechts auf das Rückteil, die langen, geraden Seiten der Vorderteile zeigen zueinander. Das machst du sowohl mit dem Außenstoff als auch mit dem Innenstoff. Stecke alles fest und schließe die Nähte.

6 Danach faltest du Außen- und Innenweste jeweils auseinander und legst sie rechts auf rechts aufeinander. Stecke alles fest. Nun schließt du die Nähte an den Armöffnungen, dann die gesamte Vorderseite. Dabei startest du am linken Vorderteil 5 cm innerhalb der langen Kante (siehe blaue Stoffklammer), nähst um die Ecke, die gesamte linke, vordere Seite hoch, den Halsausschnitt entlang, die rechte Seite wieder runter, unten um die Ecke, und wieder 5 cm entlang der unteren rechten Seite. Die gesamte Strecke, die genäht wird, erkennst du auf dem Bild anhand der Klammern!

7 So sieht die Weste nun mit den geschlossenen Nähten aus.

8 Wende jetzt die Weste. Das machst du durch eine der Schultern, da ist die Mitte zwischen der Außen- und Innenseite noch offen. Einfach nach und nach alles durchstopfen und durch den unteren Saum nach außen ziehen.

Weiter geht's

9

11

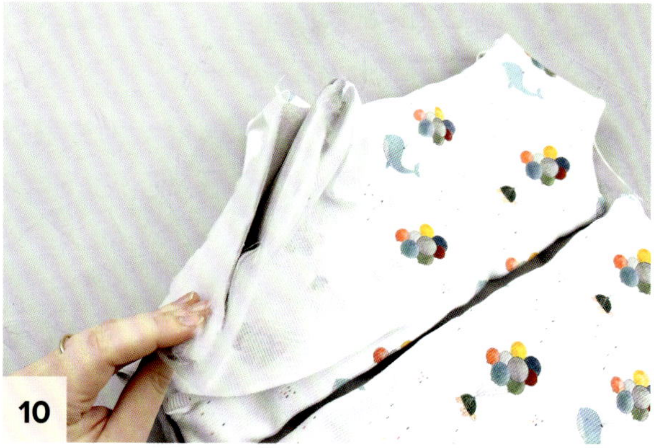

10

12

9 Nun werden die Seitennähte geschlossen. Lege dir dafür deine Weste mit dem Innenstoff nach außen hin.

10 Dadurch liegen die beiden Seiten aus dem Außenstoff rechts auf rechts aufeinander. Lege die beiden linken Seiten des Außenstoffs (inkl. Futter) exakt aufeinander …

11 … und stecke alles fest. Arbeite dich weiter nach oben vor, über die Naht von Außen- nach Innenstoff hinüber bis zum gemusterten Innenstoff. Stecke alles Schritt für Schritt fest. Dabei verzieht sich der Rest der Weste etwas, das ist erst mal egal. Hauptsache die linke Seite liegt glatt und gerade aufeinander.

12 Hier kannst du es nun noch mal sehen.

13

15

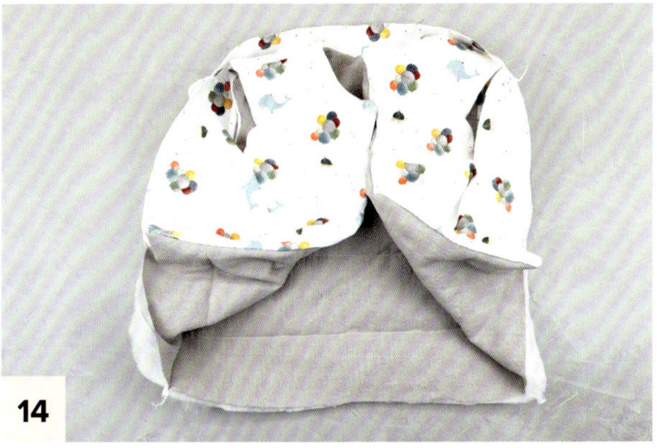

14

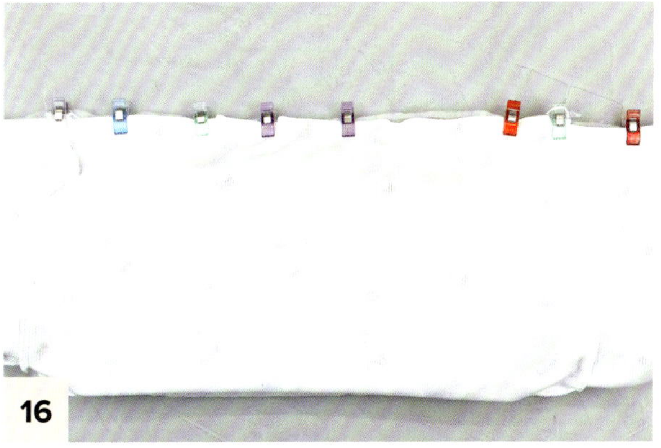

16

13 Nähe die Seitennaht zu. Gehe danach auf der anderen Seite genauso vor.

14 Wenn beide Seitennähte geschlossen sind, ist die untere Naht dran. Sieht kompliziert aus, ist es aber nicht! Die Weste liegt mit den geschlossenen Seitennähten und dem inneren Stoff nach außen vor dir. Zieh den hinteren (Innen-)Stoff nach oben über die Schultern.

15 Dann greifst du die untere Kante des Außenstoffes und ziehst diesen auf der anderen Seite der Weste hoch, sodass Außen- und Innenstoff rechts auf rechts an den offenen Kanten oben aufeinandertreffen. Die Schultern und der restliche Teil der Weste bleiben einfach dazwischen liegen. Deine Weste ist jetzt quasi zur Hälfte gefaltet.

16 Stecke alles ordentlich fest. Die Nähte sollen alle genau aufeinandertreffen, das sieht dann später perfekt aus.

Weiter geht's

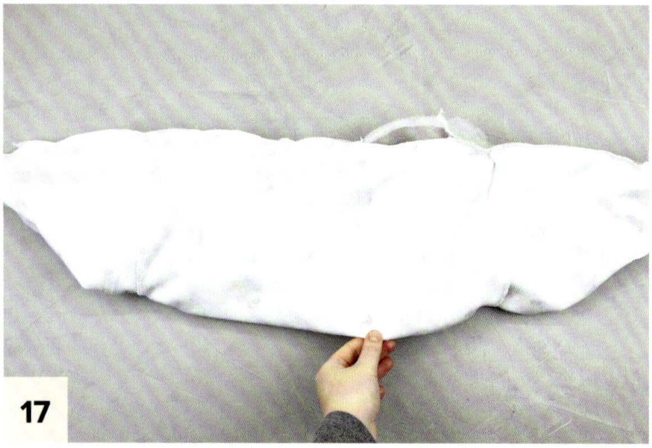

17

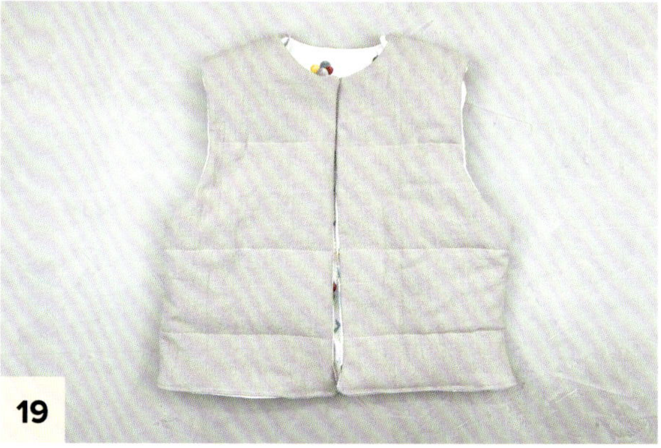

19

18

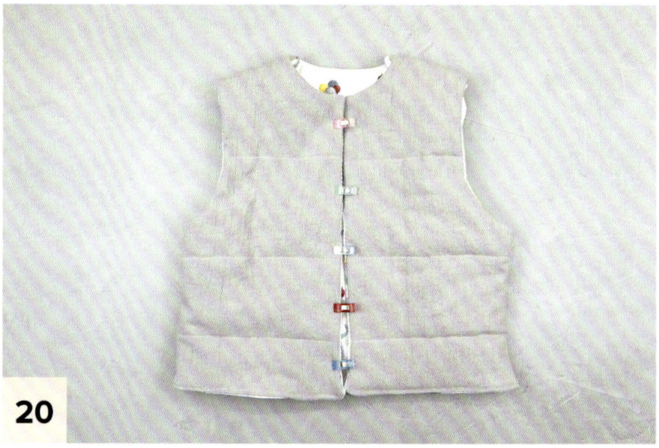

20

17 Schließe nun die untere Naht, lass dabei eine Wendeöffnung von ca. 7 cm.

18 Wende nun die Weste durch die kleine Öffnung. Schlage die offenen Kanten der Wendeöffnung nach innen, stecke dir alles gut fest und schließe die Naht knappkantig mit der Nähmaschine.

19 Wenn du möchtest, kannst du die gesamte untere Seite noch absteppen. Das habe ich hier auch gemacht, dann fällt die geschlossene Wendeöffnung nicht auf.

20 Markiere dir nun die Platzierungen der Druckknöpfe und bringe diese an (siehe S. 28).

21

ANNES TIPP

Es gibt auch bereits fertige Steppstoffe, die du als Außenstoff nehmen kannst. Dann kannst du einfach bei Schritt 5 anfangen!

21 Fertig! Du hast nun deine ganz eigene Weste genäht. Der Wahnsinn!! Sie kann natürlich auch gewendet getragen werden! ☺

Variante Hier kannst du superkreativ werden. Statt quer zu steppen, kannst du auch andere Varianten probieren! Versuch doch ein Karo-Stepp oder viele kleine Kästchen? Übrigens: Bunte Druckknöpfe sehen auf einfarbigem Außenstoff immer richtig cool aus!

Longsleeve

Das hier ist kein „normales“ Longsleeve. Das hier ist DAS Longsleeve, das absolut perfekte Longsleeve. Es sitzt bequem und sicher, hat leicht überschnittene Ärmel und Bündchen. Gemütlich und stylisch, einfarbig das perfekte Basic-Oberteil und aus gemustertem Stoff ein richtiges Highlight. Du wirst es lieben!

DAS BRAUCHST DU

Material

Rib-Jersey, Jersey, Waffeljersey oder French Terry – ich nähe hier mit Jersey.

Stoffverbrauch

Bei einer Stoffbreite von 140 cm brauchst du ca.:

- Größe 74–86: 50 cm
- Größe 92–104: 75 cm
- Größe 110–128: 100 cm
- Größe 134–140: 115 cm

Bündchenware: 30 cm

Alle Angaben großzügig und ohne Garantie. Geh lieber auf Nummer sicher. ☺

ZUSCHNITT

Schnittbogen 4

Das Longsleeve und das Kleid sind aus einem Schnitt, kürze also hier das Schnittmuster an der markierten Linie. Gib rundherum eine Nahtzugabe von 0,5 cm hinzu. Gib an der untere Kante eine Saumzugabe von 2 cm hinzu. Übertrage auch die Markierungen für die Ärmel.

- 1x Rückteil im Bruch (Shirtlänge)
- 1x Vorderteil im Bruch (Shirtlänge)
- 2 x Ärmel (gegengleich)
- 2 x Armbündchen (gegengleich)
- 1x Halsbündchen im Bruch

Schwierigkeitsgrad:
1 von 3 Walen

So geht's

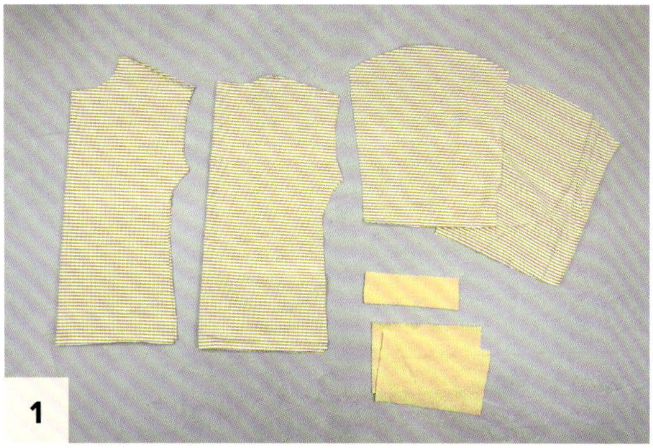

1

3

2

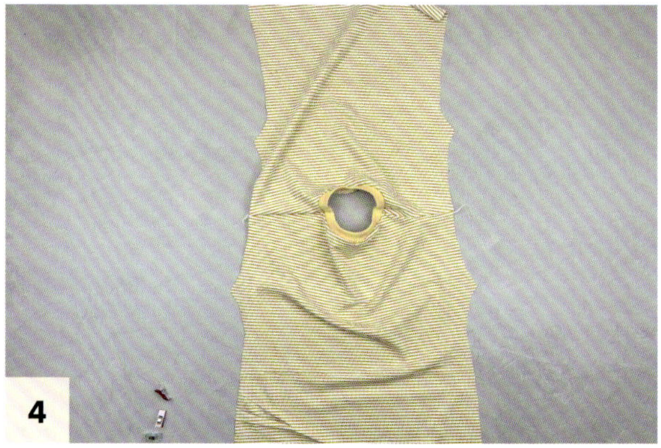

4

1 So sieht das zugeschnittene Longsleeve aus.

2 Lege Vorder- und Rückteil rechts auf rechts aufeinander, stecke beide Schultern mit Klammern aufeinander und schließe die beiden Nähte.

3 Bereite das Hals- und die Armbündchen wie vorne im Buch (siehe S. 32) erklärt vor und nähe dann das Halsbündchen ein.

4 Klappe das ganze Teil so wie auf dem Foto auf. Die Schulteröffnungen zeigen nach rechts und links.

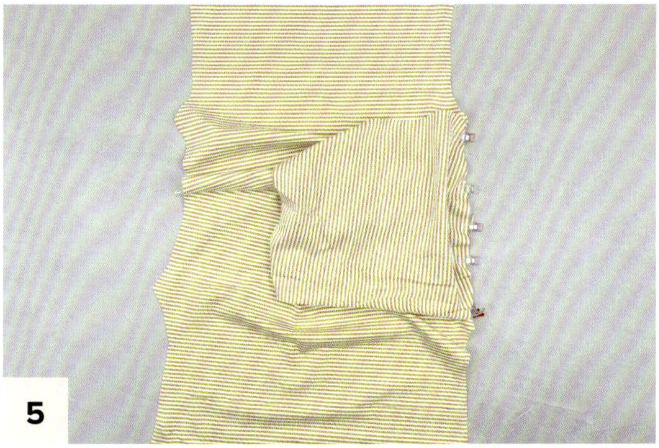

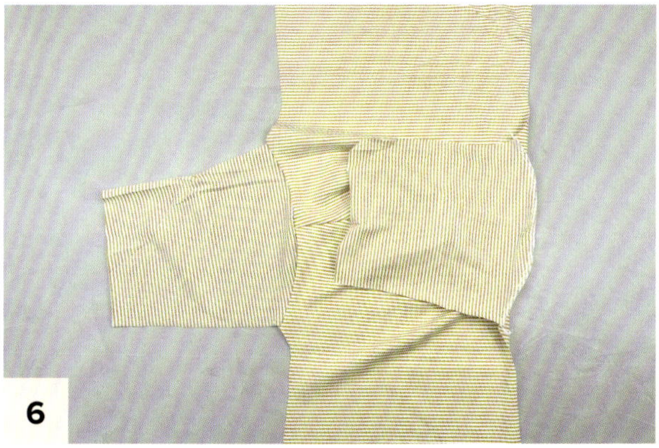

5 Lege den ersten Ärmel rechts auf rechts mit der gerundeten Seite (Schulter) in den Armausschnitt. Stecke alles ordentlich fest. Es liegt dabei nicht alles flach, da ja zwei Rundungen aufeinandertreffen. Beachte dabei einfach die Knipse, die du vorher übertragen hast. Zwei Knipse zu zwei Knipsen, einer zu einem, und folge so gut es geht der Rundung.

6 Nähe den ersten Ärmel fest und wiederhole alle Schritte auf der zweiten Seite.

7 Klappe beide Ärmel zu den Seiten hin aus und falte dann das Oberteil so, dass Vorder- und Rückteil rechts auf rechts aufeinanderliegen. Die Ärmel sind damit automatisch auch jeweils rechts auf rechts aufeinandergefaltet. Stecke die Seitennähte dann ordentlich fest. Fange dafür jeweils an der Achsel an den aufeinandertreffenden Nähten an und arbeite dich zum Armsaum und zum Bauchsaum vor. Dann verrutscht auch nichts. Nähe beide Seitennähte.

8 Jetzt kannst du schon die vorbereiteten Armbündchen annähen (siehe auch Seite 32). So sieht die Naht danach aus.

Weiter geht's

9

11

10

9 Versäubere die offene Kante am Bauch, indem du mit der Overlock oder einem Zickzackstich einmal knappkantig im Kreis herumnähst.

10 Jetzt den Saum ca. 2 cm nach innen umschlagen und mit einem Zickzackstich oder der Zwillingsnadel von rechts absteppen. Bügel es vorher, dann liegt auch alles gerade und glatt. Beim Nähen kannst du Stück für Stück fühlen, ob der Stoff auf der Unterseite noch richtig liegt.

11 Fertig! Dein neues Lieblingsbasic ist bereit für alle Abenteuer. ☺

ANNES TIPP

Falls die Ärmel zu lang oder zu kurz sind oder du ¾-Ärmel lieber magst, kannst du sie beim Zuschnitt verlängern oder verkürzen. Dafür einfach die Linien ab dem gewünschten Punkt gerade verlängern/verkürzen, ohne dass sie schmaler werden. Säumen oder einen Bund annähen, dann hast du deine individuelle Wunschlänge.

Longshirt-Kleid

Ein easy genähtes, mittellanges Kleid mit gemütlicher Passform im Alltags-Look? Tada! Hier ist es. ☺ Ob mit Strumpfhose, Leggings, Jeans, hohen Socken oder einfach im Sommer ohne etwas darunter, dieses Longshirt-Kleid sieht immer gut aus und ist dabei wahnsinnig gemütlich!

DAS BRAUCHST DU

Material

Dehnbare Stoffe wie Rib-Jersey, Jersey oder French Terry – ich nähe hier mit Jersey.

Stoffverbrauch

Bei einer Stoffbreite von 140 cm brauchst du ca.:

- Größe 74: 55 cm
- Größe 80–98: 80 cm
- Größe 104–128: 110 cm
- Größe 134–140: 130 cm

Bündchenware: 30 cm

Alle Angaben großzügig und ohne Garantie. Geh lieber auf Nummer sicher. ☺

ZUSCHNITT

Schnittbogen 4

Gib rundherum eine Nahtzugabe von 0,5 cm und an der unteren Kante eine Saumzugabe von 2 cm hinzu. Übertrage auch die Markierungen für die Ärmel. Schneide die lange Kleidversion zu.

- 1x Rückteil im Bruch (Kleidlänge)
- 1x Vorderteil im Bruch (Kleidlänge)
- 2x Ärmel (gegengleich)
- 2x Armbündchen (gegengleich)
- 1x Halsbündchen im Bruch
- 1x Versäuberungsstreifen: 2–2,5 cm Höhe x individuelle Länge (siehe Step 1).

Schwierigkeitsgrad:
1 von 3 Walen

So geht's

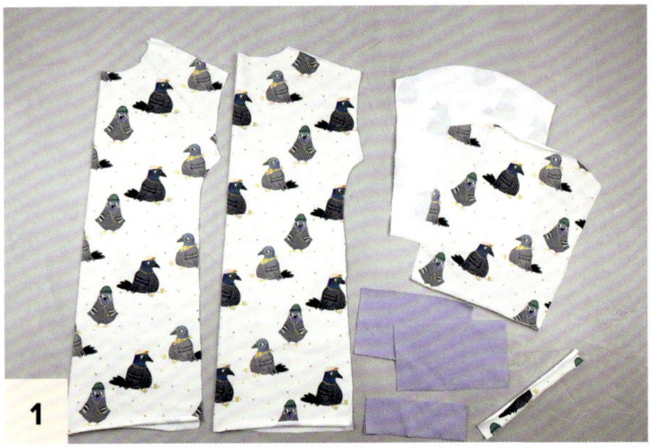

1

3

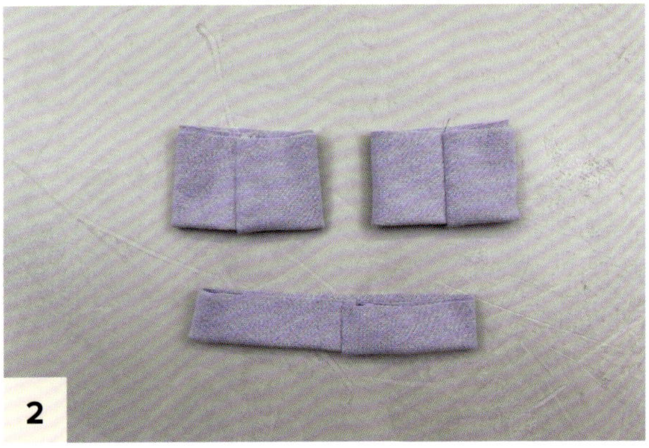

2

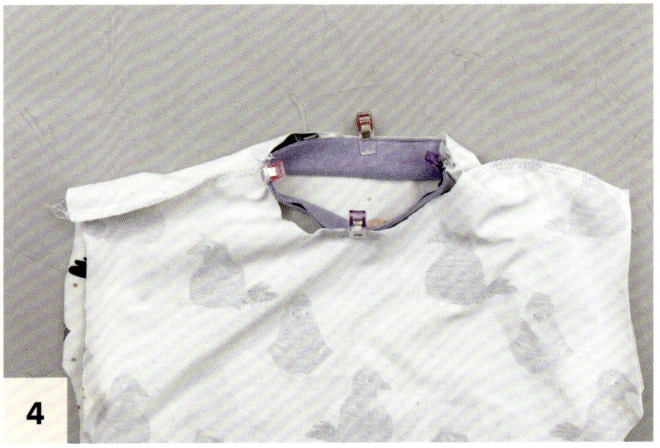

4

1 So sieht das zugeschnittene Longshirt-Kleid aus. Der Versäuberungsstreifen soll die hintere Naht des Halsbündchens verdecken und ca. 2 cm vor den Schulternähten enden, schneide ihn also dementsprechend zu.

2 Als Erstes kannst du deine Bündchen wie vorne im Buch beschrieben (siehe S. 32) vorbereiten.

3 Grundsätzlich sind alle Schritte exakt genauso wie beim Longsleeve. Ich zeige dir hier eine Besonderheit: die Nackenversäuberung! Schließe dafür – egal, bei welchem Projekt du die Nackenversäuberung machst – zuerst die beiden Schulternähte.

4 Jetzt klemmst du dein vorbereitetes Halsbündchen gleichmäßig aufgeteilt an den Halsausschnitt. Die Naht des Bündchens lege ich dabei immer an eine der Schulternähte, so ist sie später kaum sichtbar.

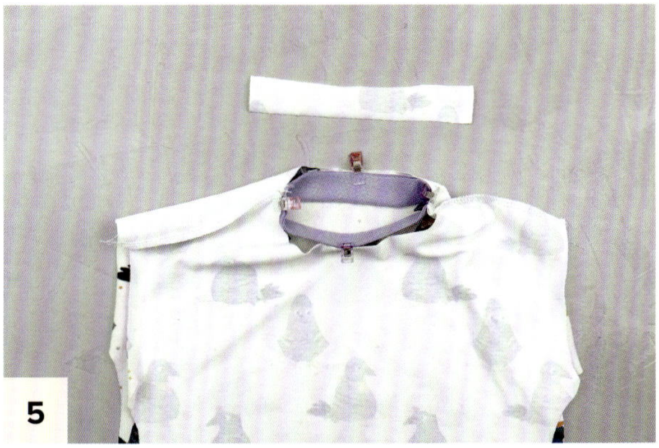
5

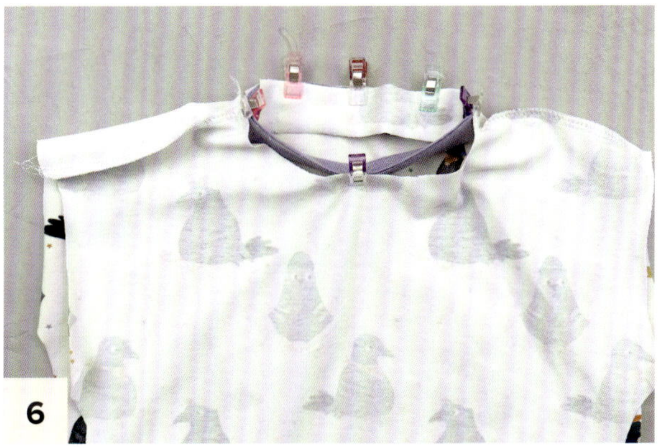
6

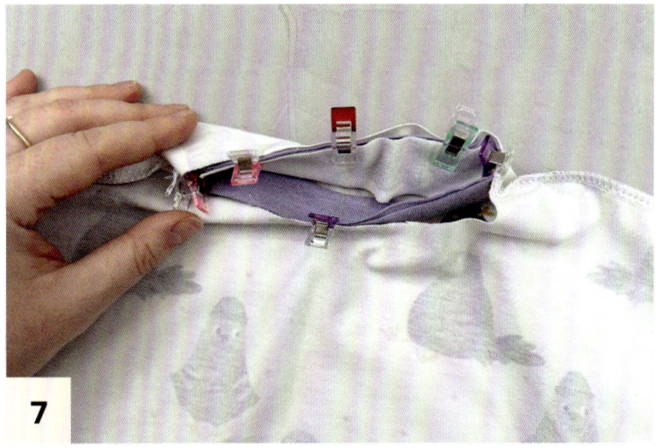
7

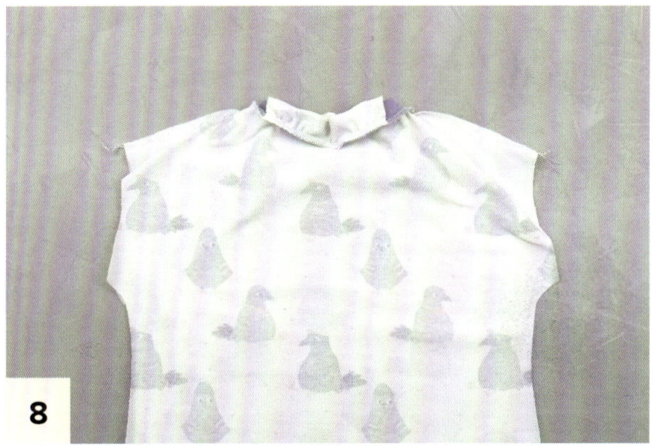
8

5 Bevor du nun wie sonst dein Halsbündchen einnähst, kommt jetzt ein Zwischenschritt. Lege das Kleid so hin, dass das Rückteil hinten liegt und die linke Stoffseite außen ist. Das Bündchen ist innen festgesteckt.

6 Jetzt legst du den Versäuberungsstreifen mit der gemusterten Seite Richtung Bündchen (d.h. links auf rechts) an die hintere Seite des Halsbündchens. Achte darauf, dass die Mitte des Versäuberungsstreifens auch in der Mitte des Halsbündchens und des Rückteils liegt. Alles mit Klammern fixieren.

7 So sollte das Ganze aussehen. Außen das Kleid, dann beide Lagen des Bündchens und dann der Versäuberungsstreifen.

8 Starte nun an der Stelle des Halsbündchens, das auf die Schulternaht trifft, und nähe von dort aus alles einmal im Kreis herum fest.

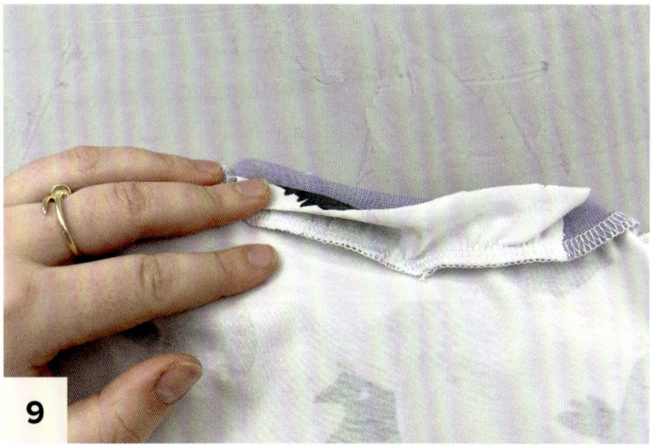

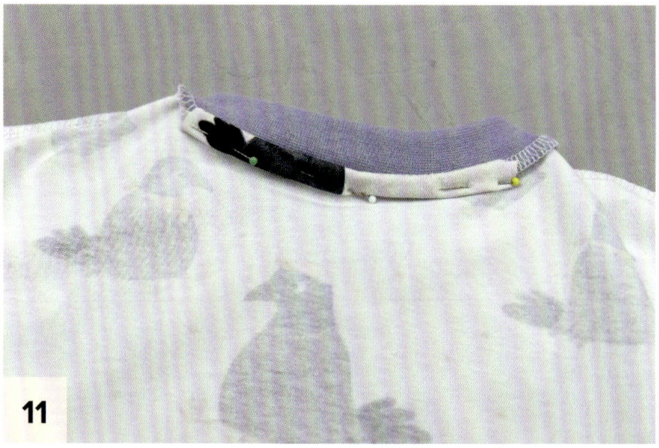

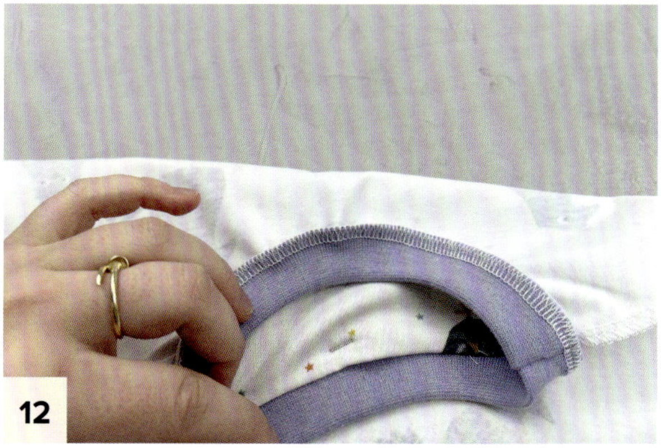

9 Nun faltest du den oberen Rand des Versäuberungsstreifens erst zur Hälfte auf die vorher gemachte Naht …

10 … und dann komplett runter. Wenn es dir hilft, kannst du alles „platt“ bügeln. Der zusammengefalltete Versäuberungsstreifen liegt nun ordentlich auf der Nahtzugabe des Bündchens.

11 Jetzt mit Nadeln alles feststecken.

12 Zur Orientierung: Von außen sieht es so aus.

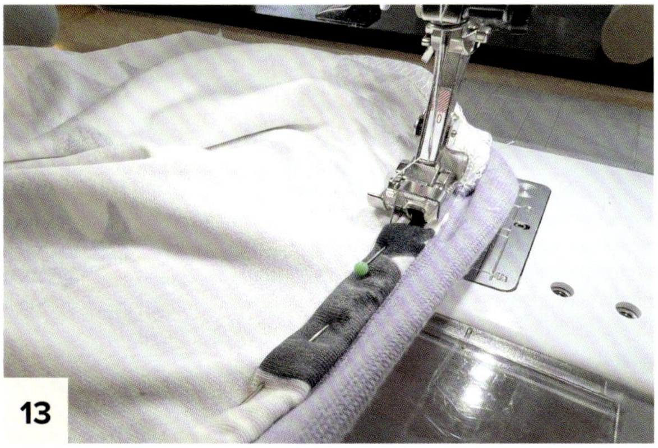
13

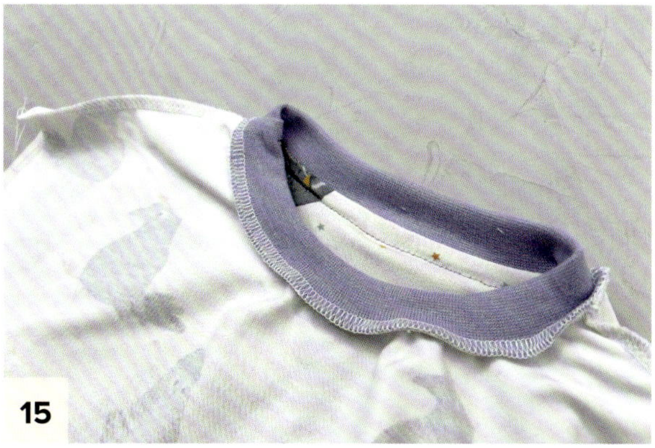
15

14

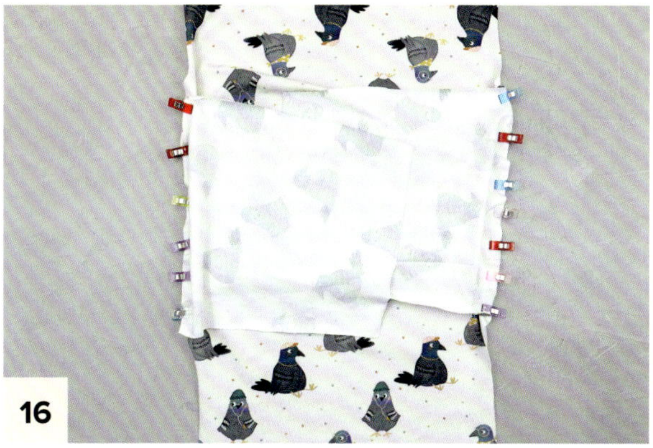
16

13 Steppe jetzt den Streifen mit einem großen Geradstich knappkantig ab. Dafür empfehle ich dir einen Blindstichfuß, der leitet dich knapp an der Kante entlang, sodass die Naht schön gerade ist. Achte dabei auf die Farbe des Unterfadens, er wird von außen sichtbar sein.

14 Schon fertig! Deine Nackenversäuberung wird sicher ein kleines Highlight sein.

15 Hier kannst du es auf der Außenseite sehen. Dort ist nur eine kleine Naht.

16 Jetzt kannst du die Ärmel festklemmen. Die Rundung der Ärmel kommt jeweils in den Armausschnitt. Beachte auch die Markierungen für vorne und hinten.

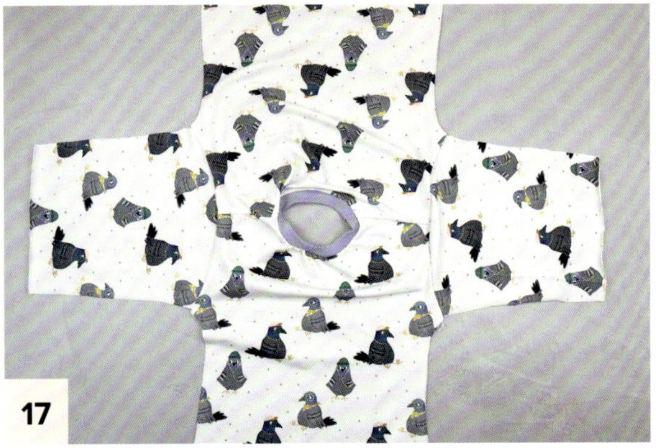

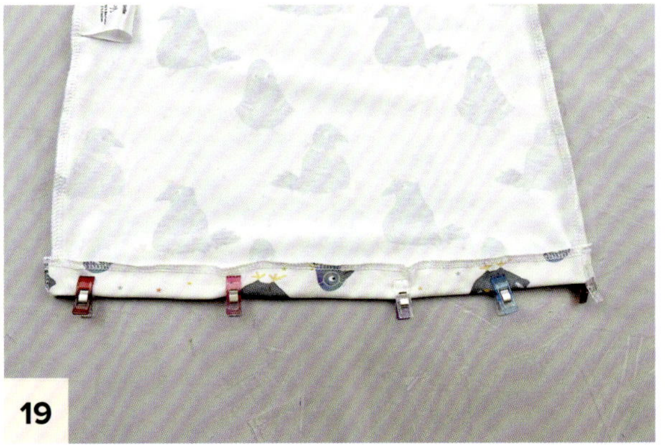

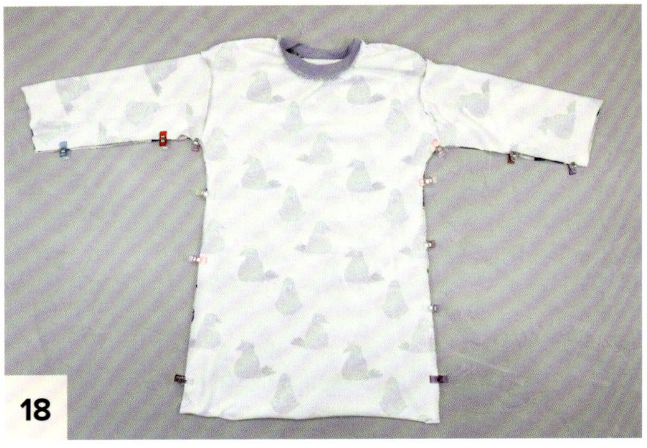

17 Nähe die Ärmel fest und klappe alles auseinander. Die Ärmel liegen an den Seiten, Vorder- und Rückteil sind jeweils oben bzw. unten.

18 Falte das Kleid rechts auf rechts aufeinander, sodass Ärmel- und Seitennähte aufeinanderliegen. Die Nähte in den Achseln treffen aufeinander. Stecke alles fest und schließe die Seitennähte.

19 Danach versäuberst du die offene Kante unten und schlägst den Saum 2 cm nach innen um. Bügel alles schön glatt und steppe es mit einem Zickzackstich oder der Zwillingsnadel von rechts ab.

20 Nähe nun die vorbereiteten Armbündchen unten an die Ärmeln (siehe Seite 32).

21

21 Alles wenden und schon ist dein wunderschönes Longshirt-Kleid fertig!

ANNES TIPP

Den Versäuberungsstreifen kannst du auch gut aus einem Akzentstoff nähen, das sieht vor allem auf Bildern total cool aus! Die Nackenversäuberung ist aber nur optional. Falls du sie weglassen möchtest, überspringe die entsprechenden Schritte einfach.

Easy Beanie

Du kennst bestimmt diese Mützen, die immer cool aussehen, egal wer sie trägt oder wie man sie anzieht – das hier ist so eine! Doppellagiger Stoff sorgt für einen tollen Stand und warme Ohren, und der durchdachte Schnitt sorgt für drei tolle Tragevarianten. Außerdem ist sie ganz toll für Anfänger geeignet und auch schnell genäht. Ein schönes, kleines Projekt für alle!

DAS BRAUCHST DU

Material

Rib-Jersey, Jersey oder French Terry – ich nähe hier mit Rib-Jersey.

Stoffverbrauch

maximal 60 cm Höhe x 50 cm Breite

Alle Angaben großzügig und ohne Garantie. Geh lieber auf Nummer sicher. ☺

Optional: Patch (Höhe 5-7 cm)

ZUSCHNITT

Schnittbogen 2

Gib rundherum eine Nahtzugabe von 0,5 cm hinzu. Übertrage auch die Markierungen für die Wendeöffnung.

- 1x Easy Beanie im Bruch

Schwierigkeitsgrad:
1 von 3 Walen

So geht's

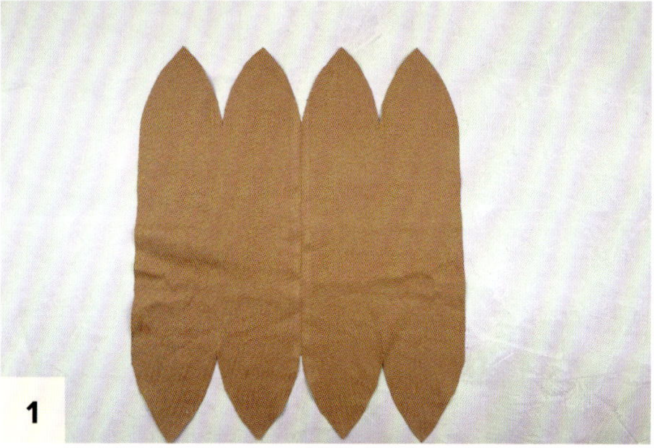

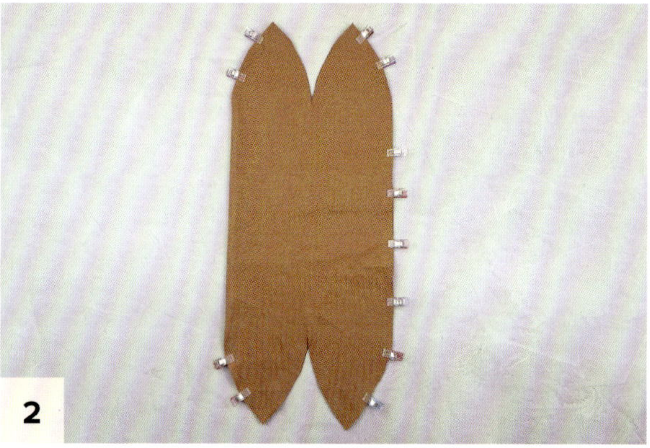

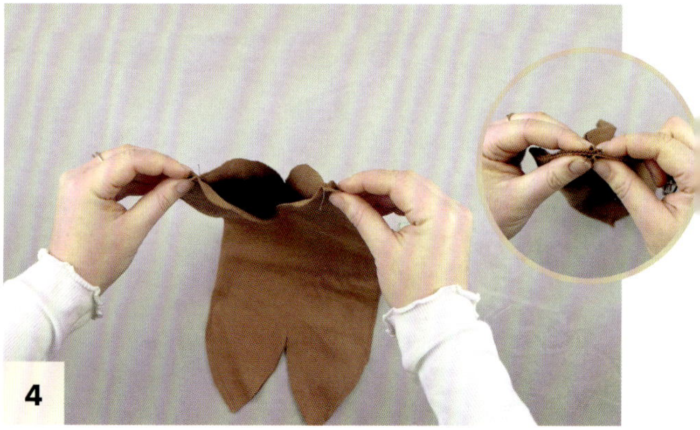

1 So sieht deine zugeschnittene Easy Beanie aufgeklappt aus.

2 Falte sie in den Bruch und stecke dir die gesamte rechte, offene Seite sowie die linken beiden offenen Mützenzipfel fest.

3 Schließe nun deine gesteckten Kanten. Lass an der langen Seite wie markiert eine Wendeöffnung. Damit die Naht nicht so wulstig wird, empfehle ich hier einen normalen Geradstich.

4 Nimm nun die beiden oberen Zipfel und lege sie mit den Nähten aufeinandertreffend zusammen. So entsteht die Rundung der Beanie. Stecke alles fest und wiederhole es für die untere Seite.

5

6

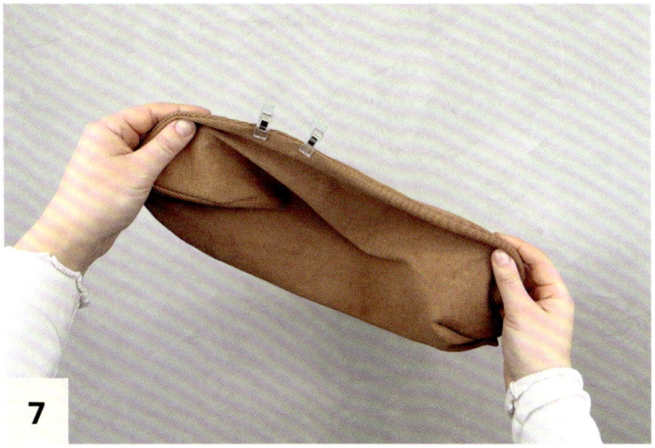
7

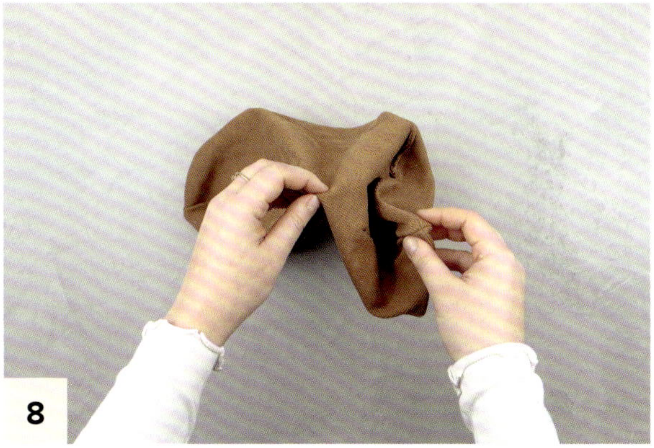
8

5 Wenn alles sauber aufeinandergesteckt ist, schließe die Nähte auf beiden Seiten.

6 So sieht die Easy Beanie nun aus. Die Nähte an den Seiten lasse ich immer ganz langsam und gleichmäßig zum Rand hin auslaufen, so entsteht eine schöne runde Form am Kopf. Wenn die Naht zu abrupt an- oder abgesetzt wird, entstehen ausgebeulte Ecken.

7 Du kannst die Beanie nun durch die kleine Öffnung wenden und diese dann entweder von Hand oder mit der Nähmaschine schließen. Ich persönlich bevorzuge die Nähmaschine dafür, da die Wendeöffnung innen liegen und somit unsichtbar sein wird. Stecke die Kanten beider Seiten nach innen und nähe mit einem Geradstich knappkantig alles zu.

8 Jetzt steckst du die Seite mit der geschlossenen Wendeöffnung in die andere, obere Seite der Beanie. Schieb am besten alles ein bisschen zurecht.

Weiter geht's

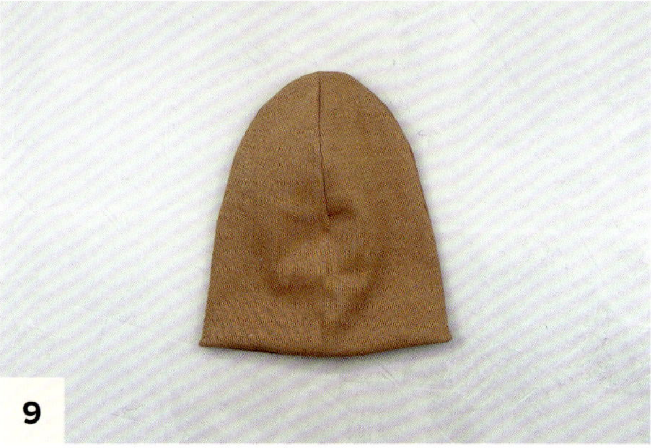
9

11

10

9 Tada! Sieht doch schon gut aus. Jetzt kannst du die untere Kante glatt bügeln, das sorgt für eine schönere Optik.

10 Schlage nun den unteren Rand ca. 5 bis 7 cm (je nach Größe und Wunsch) um. Du kannst deine Easy Beanie nun so lassen, wenn du es schlicht magst. Bei Bedarf kannst du den Umschlag auch mit 1 bis 2 Stichen leicht in der Naht fixieren, damit er nicht runterrutscht.

11 Optional ist ein Patch vorne auf dem Umschlag. Fixiere ihn mit einer Stecknadel mittig und nähe entweder komplett drumherum oder fixiere nur die rechte und linke Seite mit einem Geradstich. So wird deine Easy Beanie noch individueller!

Variante Du kannst die Easy Beanie auch ohne Umschlag nähen. Dafür einfach ca. 8 bis 10 cm der Gesamtlänge beim Zuschnitt wegnehmen und bei Schritt 8 aufhören! ☺

ANNES TIPP

Auch gemusterte Jerseys und Rib-Jerseys sehen als Beanie klasse aus und eignen sich toll zum Kombinieren. Meine Empfehlung ist eine Allrounder-Leggings und eine Easy Beanie aus dem gleichen Rib-Jersey und ein Oversize Longsleeve aus einem passenden Uni-Jersey. Das perfekte Alltagsoutfit!

Cooler Jogger

Du magst die Gemütlichkeit einer Jogginghose, aber kannst dich nicht von der Optik einer coolen, alltagstauglichen Hose trennen? Dann ist dieses Schnittmuster perfekt für dein Kind. Ob gemütlich oder aktiv, ob unterwegs oder zu Hause, ob mit Tasche für kleine Schätze oder ohne – dieser coole Jogger bildet die perfekte Basis für jedes Outfit.

DAS BRAUCHST DU

Material

Jersey oder French Terry – ich nähe hier mit Jersey.

Stoffverbrauch

Bei einer Stoffbreite von 140 cm brauchst du ca.:

- Größe 74–86: 60 cm
- Größe 92–104: 80 cm
- Größe 110–140: 130 cm

Alle Angaben großzügig und ohne Garantie. Geh lieber auf Nummer sicher. ☺

ZUSCHNITT

Schnittbogen 3

Gib rundherum eine Nahtzugabe von 0,5 cm hinzu. Übertrage auch die Markierungen für die Taschen.

- 2 x hintere Hose (gegengleich)
- 2 x vordere Hose (gegengleich)
- 1 x Tasche
- 2 x Beinbündchen (gegengleich)
- 2 x Taschenpatte (gegengleich)
- 4 x Seitennahttasche (je 2 x gegengleich)

Gummiband in 2,5 cm Breite in entsprechender Länge:

- 74 = 40 cm
- 80 = 41 cm
- 86 = 43 cm
- 92 = 44,5 cm
- 98 = 46 cm
- 104 = 47,5 cm
- 110 = 48,5 cm
- 116 = 50 cm
- 122 = 51 cm
- 128 = 53 cm
- 134 = 54 cm
- 140 = 57 cm

Miss gerne die individuelle Länge an deinem Kind ab.

Schwierigkeitsgrad:
2 von 3 Walen

ANNES TIPP

Die Anleitung sieht auf den ersten Blick total kompliziert aus – lass dich davon nicht abschrecken. Lies alles einmal grob durch und arbeite dich dann konzentriert Schritt für Schritt vor. So ergibt sich alles von alleine – du schaffst das!

So geht's

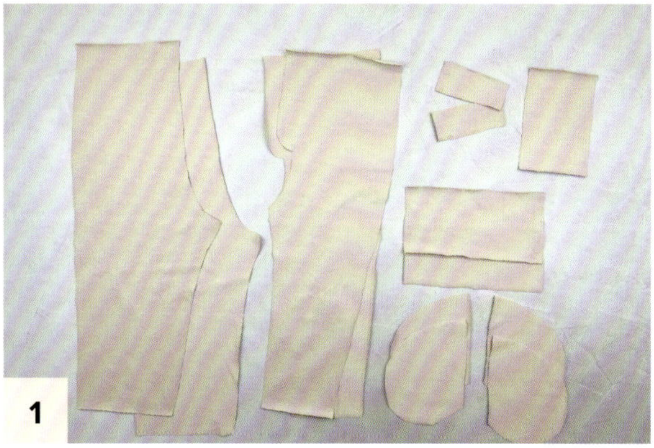

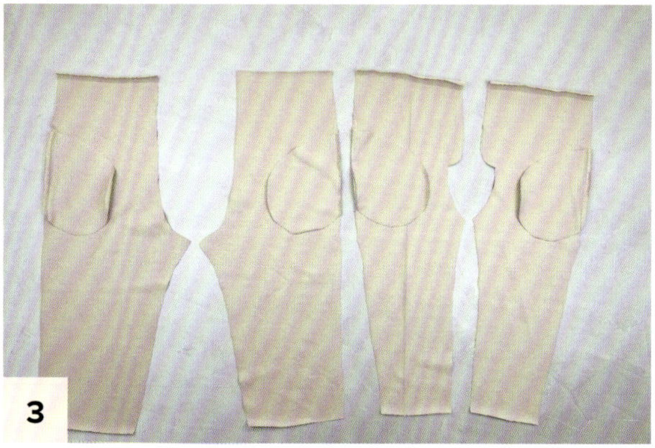

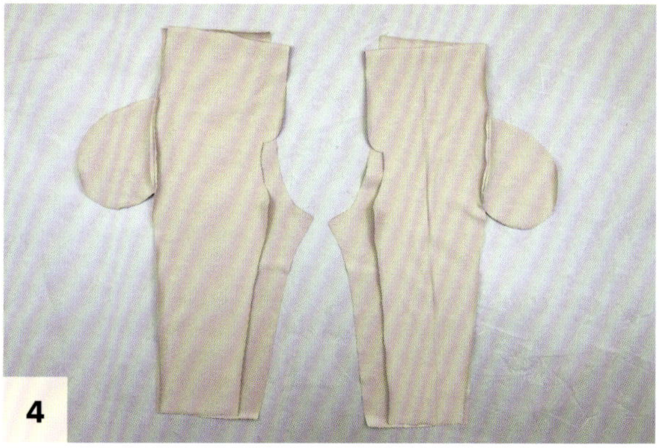

1 So sieht der coole Jogger zugeschnitten aus.

2 Lege die Seitennahttaschen jeweils rechts auf rechts wie auf dem Bild an die übertragenen Knipse und fixiere sie mit Klemmen. Dabei zeigt der Taschenbeutel jeweils nach unten. So fällt später nichts heraus!

3 Nähe jetzt alle vier Taschenteile jeweils auf die Hosenteile. Am besten eignet sich dafür ein Geradstich.

4 Jetzt legst du das linke Vorder- und Hinterteil der Hose sowie das rechte Vorder- und Hinterteil rechts auf rechts aufeinander, die Taschen bleiben dabei ausgeklappt und passen perfekt aufeinander.

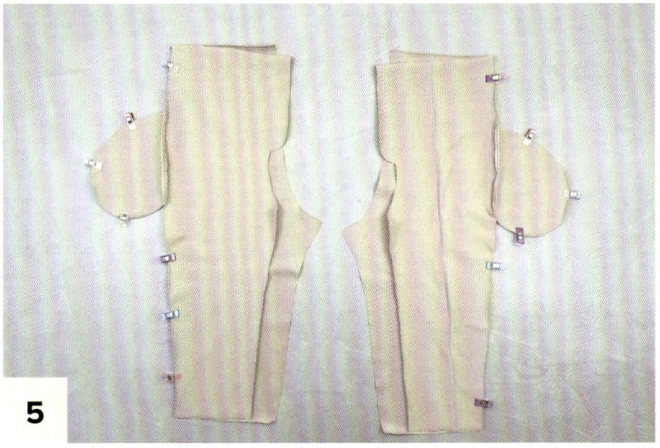

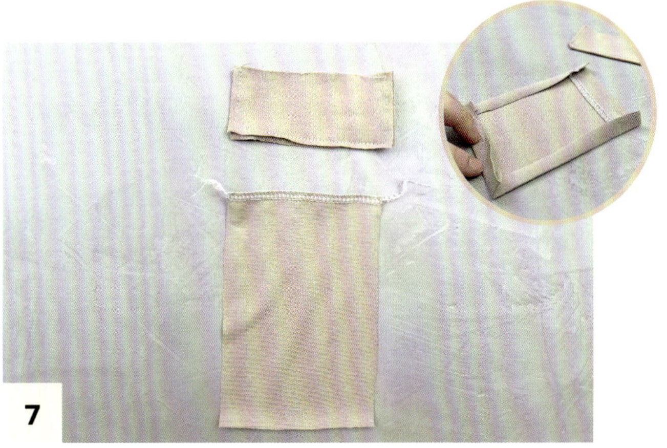

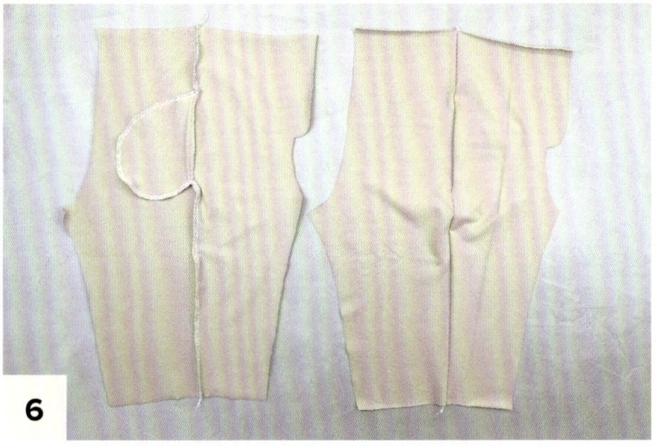

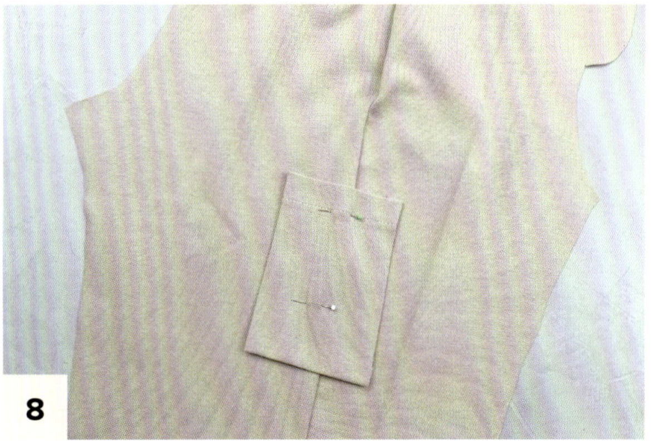

5 Stecke die beiden Teile jeweils mit Stoffklammern aufeinander. Nähe die Seitennaht, dabei nähst du auch einmal an den Taschenbeuteln entlang.

6 Zur Orientierung siehst du auf dem Bild links die gerade gemachte Naht von innen und rechts das Teil von außen.

7 Jetzt kommt die Tasche. Wenn du keine aufgesetzte Seitentasche haben möchtest, mach bei Schritt 12 weiter. Nähe die beiden Patten rechts auf rechts aufeinander, schließe dazu die zwei kurzen und eine lange Seite. Versäubere die obere Kante der Tasche. Wende die Patte und steppe sie ab. Die Tasche kannst du an der versäuberten Kante 1cm nach innen umschlagen und ebenfalls absteppen. Für den nächsten Schritt ist es hilfreich, wenn du die restlichen drei Seiten der Tasche jeweils 1cm nach innen bügelst.

8 Mit zwei Stecknadeln fixierst du nun dein vorbereitetes Taschenteil links auf rechts nach mittig auf der Seitennaht. Es ist egal, ob du die Tasche auf das linke oder auf das rechte Hosenbein nähst.

Weiter geht's

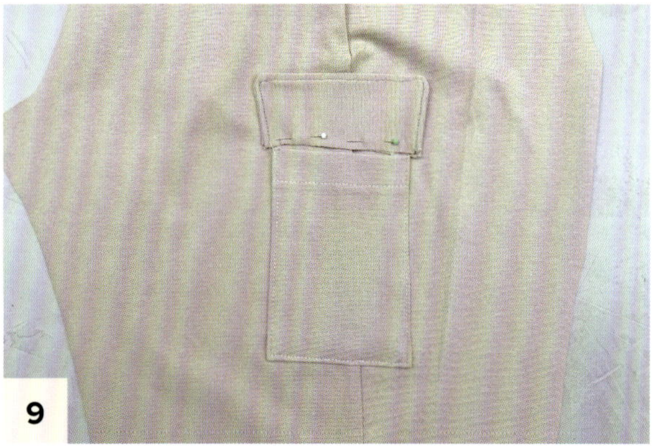

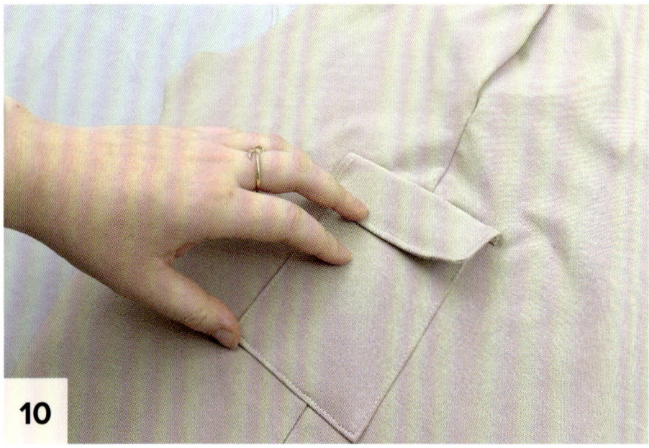

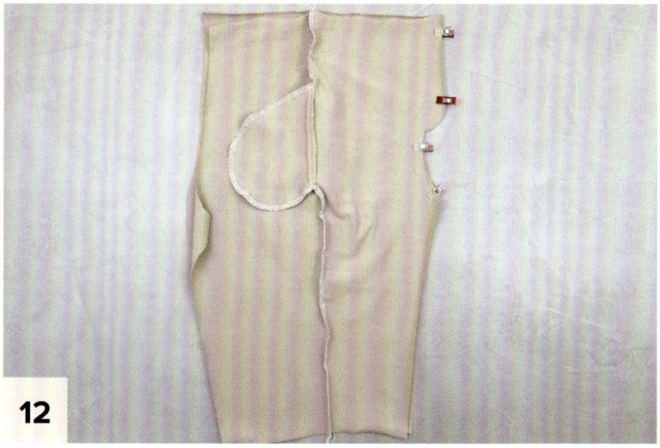

9 Die Tasche kann jetzt knappkantig aufgenäht werden. Die Patte legst du nach dem Aufnähen der Tasche – so gehst du sicher, dass sie perfekt schließt – mit der offenen Kante knapp über den oberen Taschenrand und steckst diese ebenfalls wieder fest. Knappkantig annähen.

10 Jetzt kannst du die Patte nach unten klappen …

11 … und am oberen Rand absteppen. Schon geschafft! ☺

12 Weiter geht es mit dem Fake-Hosenschlitz. Lege jetzt beide Teile der Hose rechts auf rechts aufeinander, sodass der Schlitz und die vordere Hosennaht genau übereinanderliegen. Stecke dir alles gut fest.

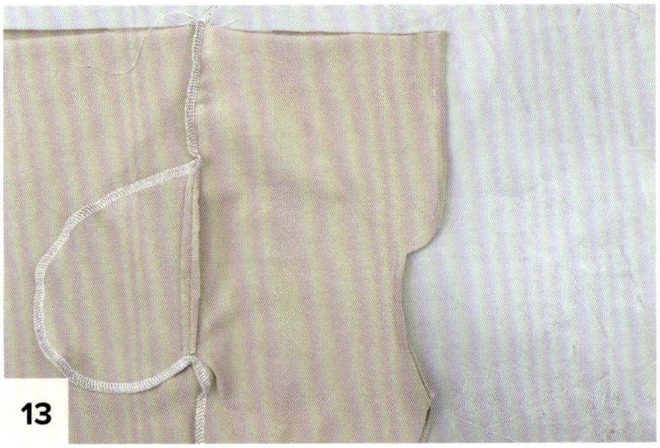
13

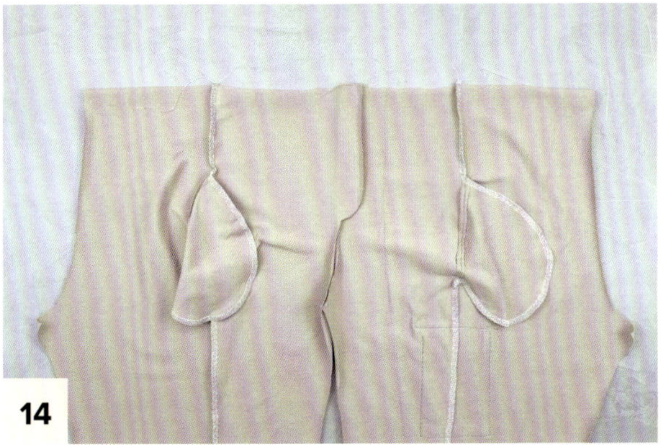
14

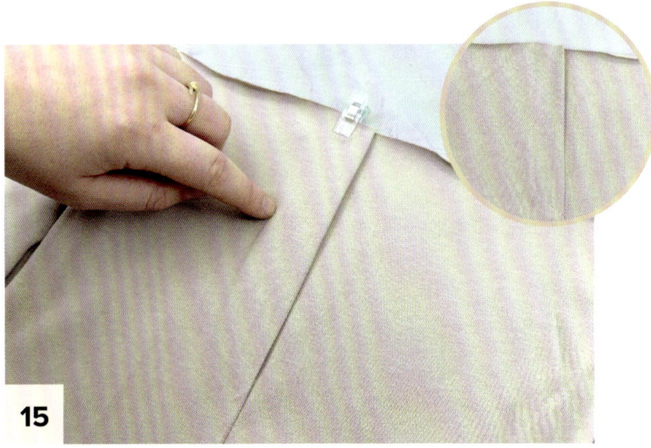
15

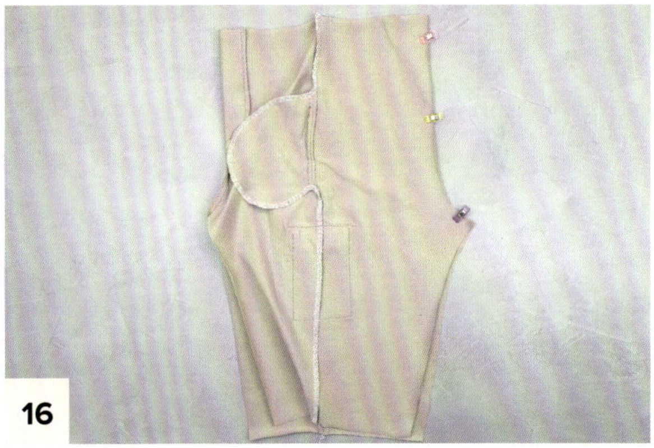
16

13 Schließe jetzt die vordere Naht mit einem Geradstich. So werden die Kurven und Kanten ganz genau.

14 Klappe die ganze Hose auf, sodass die Innenseite nach oben liegt. Falte den Hosenschlitz nun nach rechts. Jetzt siehst du schon, wie sich der Fake-Hosenschlitz abhebt.

15 Fixiere den umgeklappten Teil mit einer Klammer und drehe die Hose um. Bügel einmal darüber, dann hebt sich die Falte mehr ab. Jetzt kannst du von außen langsam und vorsichtig den umgeklappten Teil absteppen. Die offene Kante rechts lässt du aus, die bleibt offen. Fühl beim Nähen Stück für Stück mit deinem Finger die doppelte Lage, sodass du nicht abrutschst.

16 Der komplizierteste Teil ist nun geschafft! Jetzt kannst du die hintere Naht am Po schließen.

Weiter geht's

17

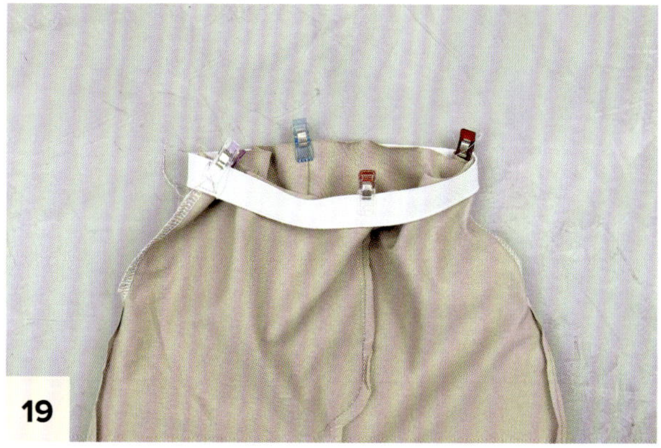

19

18

20

17 Falte die Hose nun so, dass die Seitennähte mit den Taschen rechts und links liegen, damit du die Schrittnaht schließen kannst. Stecke sie fest und nähe dann alles vom linken bis zum rechten Knöchel. Achte darauf, dass die Nähte in der Mitte vom Schritt gut fixiert sind und genau aufeinandertreffen.

18 Bereite deine Bündchen nach der Anleitung vorne im Buch (siehe S. 32) vor und nähe sie an die Beinsäume.

19 Jetzt fehlt nur noch das Gummiband oben am Bauch. Bereite es wie vorne im Buch beschrieben vor (siehe S. 30) und fixiere es an der linken Seite mithilfe von Klammern.

20 Nähe es nun gleichmäßig gedehnt an. Klappe das Bündchen nach innen um ...

21 ... und steppe es mit einem großen Zickzackstich, einer Zwillingsnadel oder einer Coverlock von rechts ab. Achte darauf, dass der obere Rand des Gummibands auch exakt an der Stoffkante liegt, sodass dort alles festsitzt. Du kannst von Stück zu Stück fühlen, ob an der Unterseite noch alles richtig liegt

21

22

22 Geschafft! Dein ganz eigener cooler Jogger ist fertig und wird sicher ein treuer Begleiter im Alltag.

Variante Wie oben beschrieben kannst du die Tasche auch weglassen, vielleicht sogar rechts und links oder einfach nur auf den Po eine aufsetzen! Probiere es einfach mal aus, das Vorgehen bleibt gleich. ☺ Aus Musterstoff wirkt die Hose übrigens direkt total anders und auch wirklich supercool! Vielleicht möchtest du ja auch Uni-Hose mit Muster-Tasche kombinieren oder anders herum? Sei kreativ und tobe dich aus.

Ballon-Sweatshirt

Das Ballon-Sweatshirt steckt voller Überraschungen. Aber zuerst mal: wieso Ballon-Sweatshirt? Es hat seinen Namen aufgrund der rundlichen Form bekommen. Leicht rundliche Seiten des Oberteils, überschnittene und rundliche Ärmel, trotzdem eine gute Passform für alle Größen. Es ist außerdem einfach zu nähen und bietet superviele Möglichkeiten zur Personalisierung. Toll für gemütliche Tage und wilde Abenteuer!

DAS BRAUCHST DU

Material

Dehnbare Stoffe wie Jersey, Stretch-Frottee, Waffeljersey, Sweat oder French Terry – ich nähe hier mit etwas dickerem Jersey.

Stoffverbrauch

Bei einer Stoffbreite von 140 cm brauchst du ca.:

- Größe 74–86: 50 cm
- Größe 92–104: 70 cm
- Größe 110–122: 100 cm
- Größe 128–140: 115 cm

Bündchen: 50 cm

Alle Angaben großzügig und ohne Garantie. Geh lieber auf Nummer sicher. ☺

ZUSCHNITT

Schnittbogen 2

Gib rundherum eine Nahtzugabe von 0,5 cm hinzu. Übertrage auch die Markierungen für die Ärmel.

- 1x Vorderteil im Bruch
- 1x Rückteil im Bruch
- 2x Ärmel (gegengleich)
- 1x Halsbund im Bruch
- 1x Saumbund im Bruch
- 2x Armbündchen (gegengleich)

Schwierigkeitsgrad:
1 von 3 Walen

So geht's

1

2

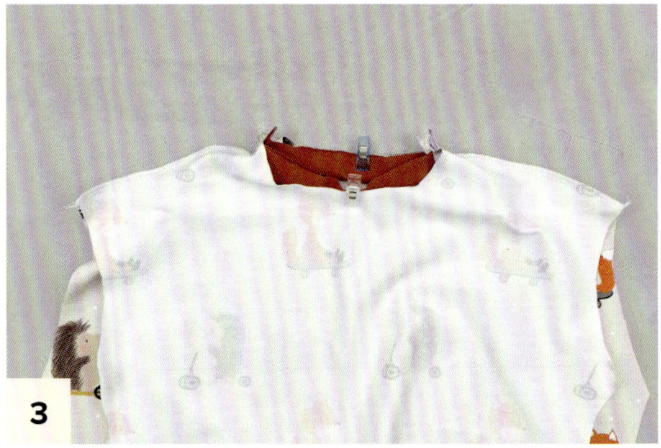

3

4

1 Hier siehst du das zugeschnittene Ballon-Sweatshirt. Bereite zuerst alle deine Bündchen wie vorne im Buch beschrieben (siehe S. 32) vor.

2 Lege das Vorderteil rechts auf rechts auf das Rückteil. Fixiere die beiden Schulternähe mit Klammern und schließe die Nähte.

3 Nun legst du dein vorbereitetes Halsbündchen in den Halsausschnitt, die offene Kante des Bündchens zeigt nach oben. Dafür teilst du das Bündchen und auch den Ausschnitt mithilfe von Klammern in vier gleiche Abschnitte auf. Daran orientierst du dich dann, wenn du das Bündchen ordentlich fixierst. Die Naht des Halsbündchens lege ich immer zu einer der Schulternähte, dann gehen diese beiden am Ende ineinander über. Starte auch mit dem Nähen an dieser Stelle, damit es nicht verrutscht und nähe das Bündchen gleichmäßig in die Öffnung ein. Dehne das Bündchen beim Nähen gleichmäßig, der Stoff vom Halsausschnitt wird nicht gedehnt.

4 Falte nun das Oberteil auseinander, sodass die Armlöcher nach rechts und links zeigen.

5

7

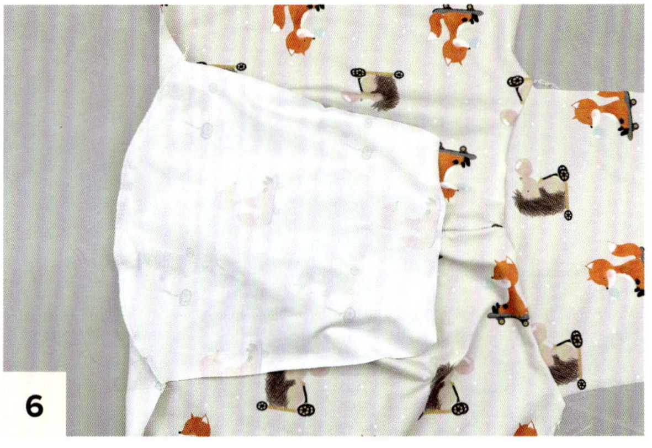

6

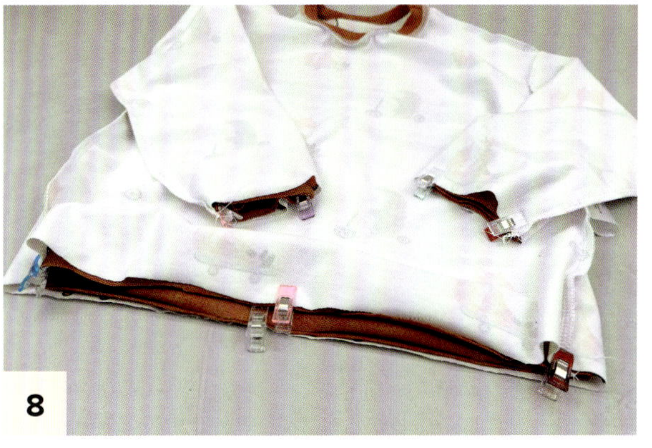

8

5 Lege erst den einen, dann den anderen Ärmel jeweils rechts auf rechts an die Armausschnitte. Die runde Seite des Ärmels sollte genau in den Armausschnitt passen. Beachte hier die übertragenen Markierungen, damit die Vorderseite des Ärmels auch wirklich vorne landet. Fixiere alles mit Klammern und nähe nacheinander die beiden Ärmel fest.

6 So sollte es nun festgenäht aussehen. Links wie der Ärmel festgenäht aussieht, rechts wie es ausgeklappt von außen aussehen sollte.

7 Lege Vorder- und Rückteil sowie die Ärmel rechts auf rechts aufeinander. Schließe die Seitennähte. Achte darauf, dass die Nähte in der Achsel genau aufeinandertreffen.

8 Nun kannst du sowohl Arm- als auch Bauchbündchen einnähen. Die Nähte der Armbündchen treffen dabei auf die Ärmelnaht, die Naht des Bauchbündchens trifft auf eine der Seitennähte (optimalerweise auf der gleichen Seite, wo auch das Halsbündchen aus Schritt 3 die Naht hat).

Weiter geht's

9

10

9 Nun kannst du das Ballon-Sweatshirt wenden …

10 … und schon fertig! Was für ein schönes, kurzweiliges Projekt. ☺

Variante Hier hast du Varianten OHNE ENDE. Gemustert, einfarbig, kontrastreiche Bündchen, schlichte Bündchen, verschiedenfarbige Bündchen, Ärmel aus verschiedenen Stoffen oder Farben, vielleicht sogar ein Materialmix? Dieser Schnitt lädt zum Experimentieren ein. Probier es doch mal aus!

ANNES TIPP

Schau doch mal in die Anleitung des Longshirt-Kleids auf Seite 65. Dort findest du eine Anleitung für eine Nackenversäuberung, die du absolut perfekt auch hier beim Ballon-Sweatshirt anwenden kannst.

Unisex-Shorts

Mit dieser Unisex-Shorts machst du alles richtig. Sie hat eine angenehme Länge bis kurz über dem Knie, der Fake-Hosenschlitz lässt sie richtig cool wirken und durch den Gummibund ist sie super bequem. Im Sommer brauchst du ab sofort keine andere Shorts mehr.

DAS BRAUCHST DU

Material

Geeignet für dehnbare Stoffe wie Rib-Jersey, Jersey, Stretch-Frottee, Waffeljersey oder French Terry – ich nähe hier mit Jersey.

Stoffverbrauch

Bei einer Stoffbreite von 140 cm brauchst du ca.:

- Größe 74–80: 40 cm
- Größe 86–110: 60 cm
- Größe 116–140: 70 cm

Alle Angaben großzügig und ohne Garantie. Geh lieber auf Nummer sicher. ☺

ZUSCHNITT

Schnittbogen 1

Gib rundherum eine Nahtzugabe von 0,5 cm und an den Beinen je 2 cm Saumzugabe hinzu.

- 2 x hintere Hose (gegengleich)
- 2 x vordere Hose (gegengleich)

1 x Gummiband (2 cm Höhe) in entsprechender Länge:

- 74 = 40 cm
- 80 = 41 cm
- 86 = 43 cm
- 92 = 44,5 cm
- 98 = 46 cm
- 104 = 47,5 cm
- 110 = 48,5 cm
- 116 = 50 cm
- 122 = 51 cm
- 128 = 53 cm
- 134 = 54 cm
- 140 = 57 cm

Miss gerne die individuelle Länge an deinem Kind ab.

Schwierigkeitsgrad:
1 von 3 Walen

So geht's

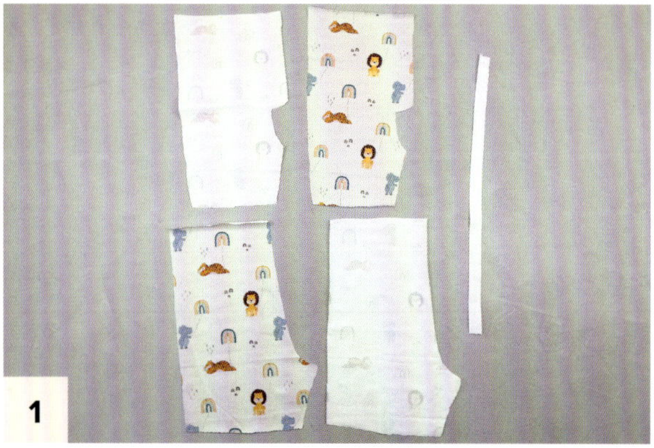
1

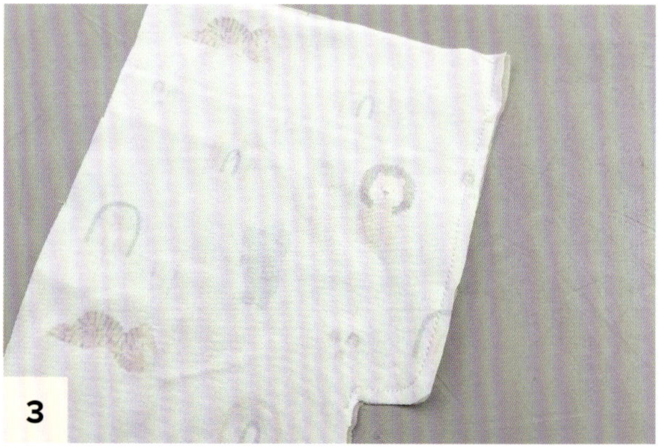
3

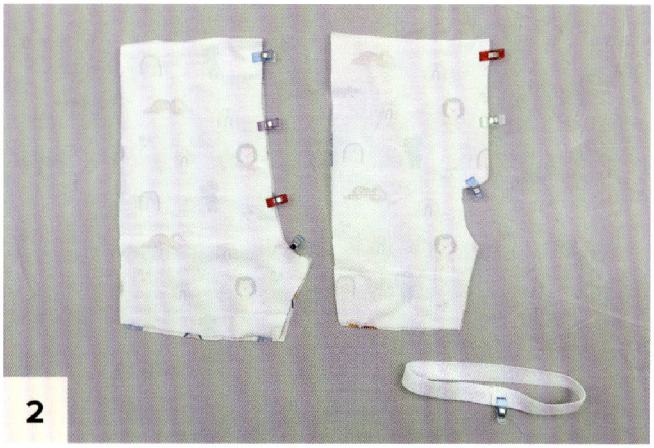
2

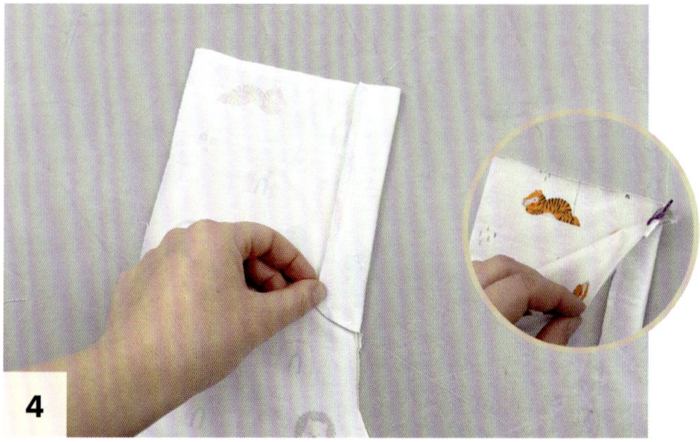
4

1 So sieht deine zugeschnittene Unisex-Shorts aus.

2 Nähe das Gummiband zum Kreis zusammen, indem du es an den Enden ca. 1,5 cm überlappen lässt und darüber im Viereck und dann im Kreuz nähst, wie vorne im Buch beschrieben (siehe S. 30). Lege die beiden Vorderteile und die beiden Hinterteile der Shorts jeweils rechts auf rechts aufeinander und fixiere bei beiden jeweils die Schrittnaht.

3 Schließe dann die beiden Schrittnähte. Die Naht des Vorderteils nähst du mit einem Geradstich, damit du die Ecken und Kurven des Fake-Hosenschlitzes exakter nähen kannst. Die andere Naht kannst du wie immer entweder mit Gerad- und dann Zickzackstich oder mit der Overlock schließen.

4 Falte nun den Fake-Hosenschlitz am Vorderteil zur linken Seite um und fixiere ihn mit einer Klammer an der darunterliegenden Stofflage.

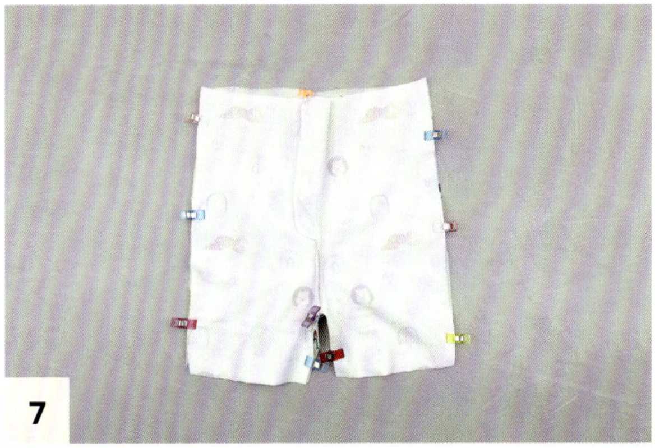

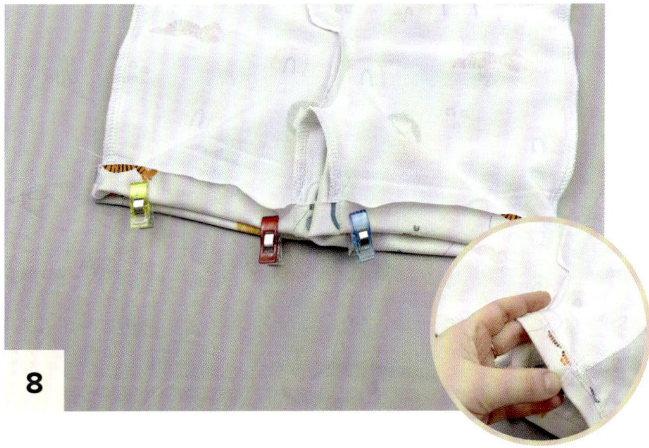

5 Klappe das Hosenteil danach so auf, dass die rechte Stoffseite oben liegt.

6 Bügel einmal heiß darüber, dann hebt sich die Falte besser ab. Jetzt kannst du von außen langsam und vorsichtig den umgeklappten Teil absteppen. Die offene Kante links lässt du aus, die bleibt offen. Fühl beim Nähen Stück für Stück mit deinem Finger die doppelte Lage, sodass du nicht abrutschst.

7 Der komplizierteste Teil ist nun geschafft! Lege das Vorderteil der Hose rechts auf rechts auf das Hinterteil der Hose, fixiere die Seiten und den Schritt mit Klammern und schließe diese Nähte. Nicht wundern, das hintere Teil ist breiter als das vordere Teil. Das soll so sein, denn Po und hintere Oberschenkel sind ja auch voluminöser als das vordere Körperteil. So ist die Passform am Ende perfekt!

8 Nun kommt der Saum an den Beinen. Versäubere die offenen Stoffkanten mit einem Zickzack- oder Geradstich. Danach die Kante 2 cm zur linken Stoffseite umklappen, bügeln und von rechts feststeppen (Zickzackstich, Zwillingsnadel oder Coverlock).

9

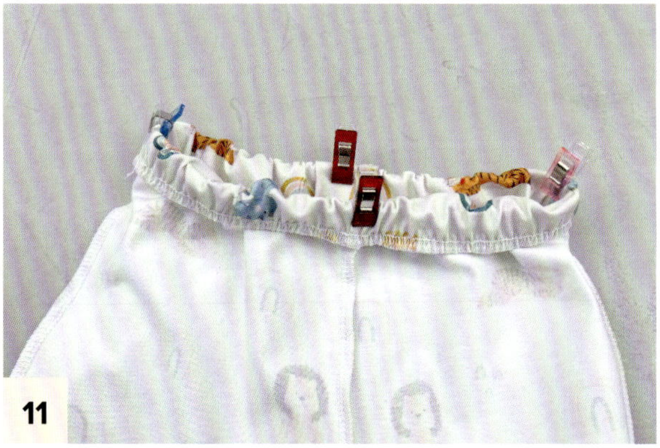

11

10

12

9 Nähe nun noch das Gummiband ein. Eine genaue Anleitung findest du auf Seite 32. Teile das zum Kreis geschlossene Gummiband genauso wie den oberen Shorts-Rand in vier gleiche Abschnitte ein. Übertrage das Gummiband mithilfe der Markierungen an den Hosenrand. Es liegt nun auf der linken Stoffseite der Unisex-Shorts.

10 Nähe das Gummiband fest. Dafür dehnst du das Gummiband von Abschnitt zu Abschnitt. Der Stoff selbst wird nicht gedehnt.

11 Klappe das angenähte Bündchen nach innen um. Steppe es nun wieder gleichmäßig gedehnt mit einem Zickzackstich oder der Zwillingsnadel ab. Nähe dafür auf der Naht des Gummibands.

12 So sieht nun deine fertige Unisex-Shorts aus!

ANNES TIPP

Du bist experimentierfreudig? Versuch doch mal, die Taschen des coolen Joggers von Seite 76 auf diese Hose zu übertragen. Mit etwas Geduld schaffst du das sicher und hast dann ein Hybrid-Schnitt: die Taschen des Joggers in der Unisex-Shorts!

Pufferjacke

Schick oder cool – hier geht beides! Das hier ist quasi das Add-on zur Weste, also einfach länger und mit Ärmeln. Ohne Kragen und Kapuze, so können auch kleine Kinder angenehm mit dieser Jacke liegen, größere Kinder haben viel Bewegungsfreiheit. Und schwer zu nähen ist sie auch nicht!

DAS BRAUCHST DU

Material

Dehnbare, nicht zu dünne Stoffe: French Terry, Steppstoff, Sweat, Stretch-Frottee – ich nähe hier mit Steppstoff und French Terry. Du kannst die Jacke auch optional mit Volumenvlies füttern.

Stoffverbrauch

Bei einer Stoffbreite von 140 cm brauchst du für Außen- und Innenjacke (und ggf. Volumenvlies) jeweils ca.:

- Größe 74–86: 65 cm
- Größe 92–104: 85 cm
- Größe 110–122: 95 cm
- Größe 128–140: 110 cm

5 Druckknöpfe

Alle Angaben großzügig und ohne Garantie. Geh lieber auf Nummer sicher. ☺

ZUSCHNITT

Schnittbogen 2

Gib rundherum eine Nahtzugabe von 0,5 cm hinzu. Übertrage auch die Markierungen für die Ärmel.

Jeweils aus Außen-, Innen- und Futterstoff:

- 2 x Vorderteil (gegengleich)
- 1x Rückteil im Bruch
- 2 x Armel (gegengleich)

Schwierigkeitsgrad:
2 von 3 Walen

So geht's

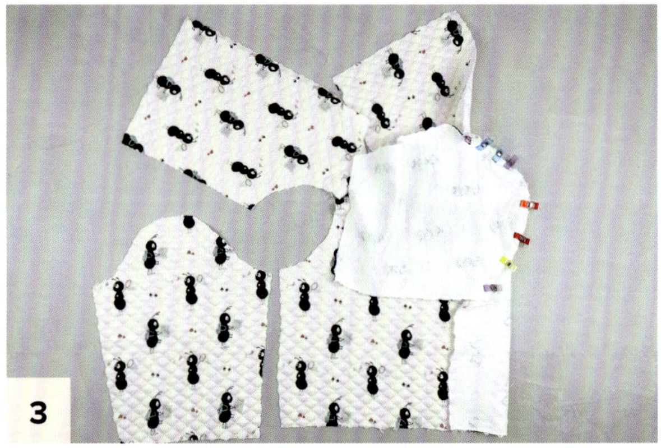

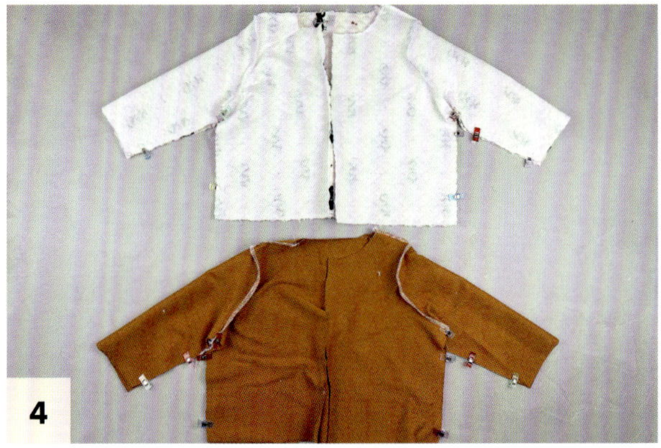

1 So sieht deine zugeschnittene Pufferjacke aus. Ich nähe diese Jacke aus bereits fertigem Steppstoff für außen und aus French Terry für innen. Du kannst die Pufferjacke – wie die Pufferweste – auch gefüttert bzw. dicker nähen, indem du deinen eigenen Steppstoff machst. Dafür schneidest du zusätzlich alle Teile aus Volumenvlies zu und steppst deinen Außenstoff auf das Vlies (siehe Anleitung für Pufferweste, S. 50: Dort erkläre ich alles Step by Step). Mache das bei den Ärmeln genauso und gehe dann ab Schritt 2 hier weiter vor.

2 Es werden nun quasi zwei Jacken genäht, die am Ende miteinander verbunden werden. Die folgenden Schritte machst du demnach einfach immer mit deinem äußeren Stoff und danach mit deinem inneren Stoff. Lege die beiden Vorderteile rechts auf rechts auf das Rückteil, sodass du die Schulternähte schließen kannst.

3 Nun kommen die Ärmel. Dafür platzierst du die Außen- und die Innenjacke jeweils mit dem Rückteil nach unten zeigend vor dir. Die Vorderteile zeigen nach oben. Nimm deine Ärmel und platziere sie rechts auf rechts mithilfe der übertragenen Markierungen im Armausschnitt. Klemme alles gut in der Kurve fest und schließe die Naht. Wiederhole das mit dem zweiten Ärmel sowie beiden Ärmeln der inneren Jacke.

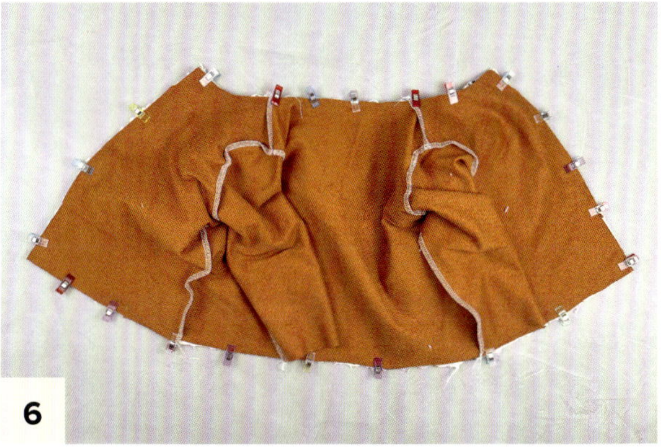

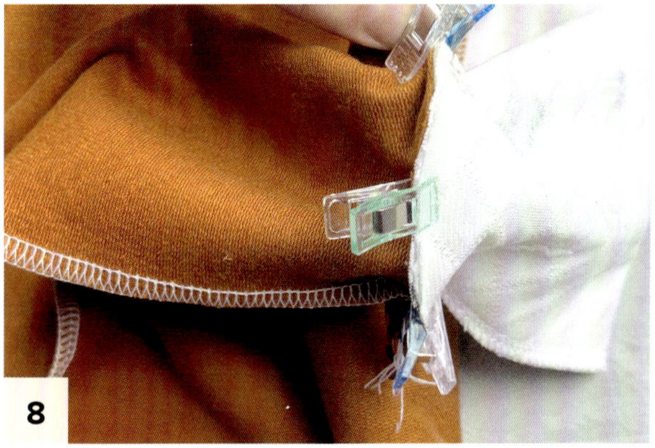

4 So sieht das Ganze nun aus. Zeit, die Seitennähte zu schließen. Klemme alles gut fest und achte darauf, dass alle Nähte in der Achsel aufeinandertreffen. Lasse in einem Ärmel der Innenjacke eine kleine Wendeöffnung von ca. 7 cm. Alle vier Seitennähte schließen.

5 So sieht die offen gelassene Wendeöffnung dann aus. Sie wird am Ende durch die Platzierung im Ärmel nicht sichtbar sein, superpraktisch!

6 Nun legst du beide Jacken rechts auf rechts aufeinander. Die unteren Kanten, die Seitenkanten und der Kragen passen exakt aufeinander. Alles ordentlich mit Klammern fixieren und dann rundherum mit einer langen Naht schließen.

7 Jetzt fehlen nur noch die Ärmel. Lege die Jacke so hin, dass jeweils die passenden Ärmel aufeinandertreffen, also unten liegt der äußere rechte Ärmel, oben liegt der innere rechte Ärmel. Auf der linken Seite genauso.

8 Das hat meine Oma immer „küssende Rüssel" genannt. Die Ärmel einer Jackenseite treffen nun frontal aufeinander, die Nähte dieser Ärmel ebenfalls. Achte darauf, dass keiner der Ärmel in sich verdreht ist. Klappe die Innenseite also etwas nach vorne auf die andere Ärmelinnenseite (Außen- und Innenstoff liegen rechts auf rechts). Stecke alles rundherum mit Klemmen fest und schließe die beiden Nähte.

Weiter geht's

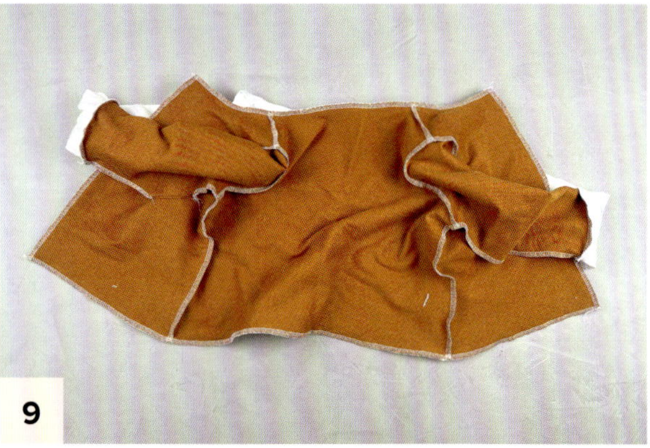

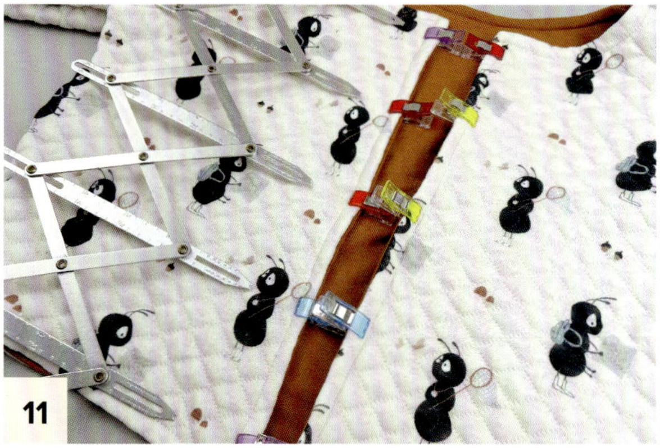

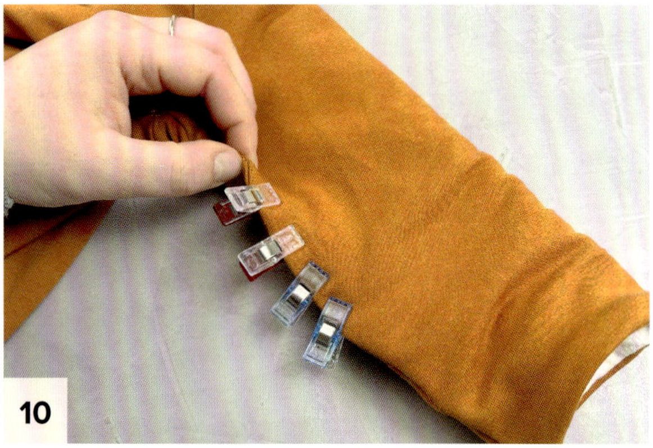

9 So sieht deine Pufferjacke aktuell aus. Wende jetzt alles durch deine im Ärmel gelassene Wendeöffnung. Einfach Stück für Stück alles durchziehen.

10 Danach schließt du die Wendeöffnung, indem du beide noch offenen Kanten nach innen schlägst, darüberbügelst, alles feststeckst und dann mit einem Geradestich darübernähst.

11 Steppe – wenn du willst – die gesamte Jacke ab. Nähe dafür füßchenbreit mit einem mittelgroßen Geradstich einmal die Jacke an der Kante ab. Auch hier kannst du alles vorher bügeln, damit dein Ergebnis möglichst schön wird. Übertrage danach mit Klammern die Abstände für die Druckknöpfe vom Schnittmuster auf die beiden vorderen Kanten.

12 Bringe deine Knöpfe an (eine genaue Anleitung findest du auf Seite 28). Fertig ist deine individuelle Pufferjacke!

13

ANNES TIPP

Du kannst die Ärmel auch länger/ kürzer machen, je nach Bedarf. Mit längeren Ärmeln kannst du sie dann unten ein paar Zentimeter umschlagen, das mag ich persönlich total gerne. So sieht man vom Futter auch was! Verlängere oder verkürze die Ärmel dafür einfach beim Zuschnitt, ohne enger oder weiter zu werden.

13 Ein letzter Tipp – je nach Stoffauswahl kannst du die Pufferjacke auch komplett wenden und beidseitig nutzen. Superpraktisch! ☺

Variante Falls du es schöner findest und dich traust, kannst du die Druckknöpfe auch gegen richtige Knöpfe und Knopflöcher tauschen. Macht gleich eine ganz andere Optik!

Allrounder-Leggings

Leggings ist nicht gleich Leggings. Diese Leggings hier ist dein neuer Allrounder. Vollkommen genderneutral, nicht zu eng, Platz am Po, leicht länger, damit es sich etwas staut am Bein, nichts rutscht und sehr gemütlich, trotzdem nicht schlabberig. Worauf wartest du noch? Die Allrounder-Leggings wartet auf deine ganz eigene Kreation!

DAS BRAUCHST DU

Material

Dehnbarer Stoff wie Rib-Jersey oder Jersey – ich nähe hier mit Rib-Jersey.

Stoffverbrauch

Bei einer Stoffbreite von 140 cm brauchst du ca.:

- Größe 74–86: 50 cm
- Größe 92–104: 70 cm
- Größe 110–122: 100 cm
- Größe 128–140: 120 cm

Alle Angaben großzügig und ohne Garantie. Geh lieber auf Nummer sicher. ☺

ZUSCHNITT

Schnittbogen 1

Gib rundherum eine Nahtzugabe von 0,5 cm und an den Beinen jeweils eine Saumzugabe von 2 cm hinzu.

- 2 x hintere Hose (gegengleich)
- 2 x vordere Hose (gegengleich)

Gummiband (2 cm Höhe) in entsprechender Länge:

- 74 = 40 cm
- 80 = 41 cm
- 86 = 43 cm
- 92 = 44,5 cm
- 98 = 46 cm
- 104 = 47,5 cm
- 110 = 48,5 cm
- 116 = 50 cm
- 122 = 51 cm
- 128 = 53 cm
- 134 = 54 cm
- 140 = 57 cm

Miss gerne die individuelle Länge an deinem Kind ab.

Schwierigkeitsgrad:
2 von 3 Walen

So geht's

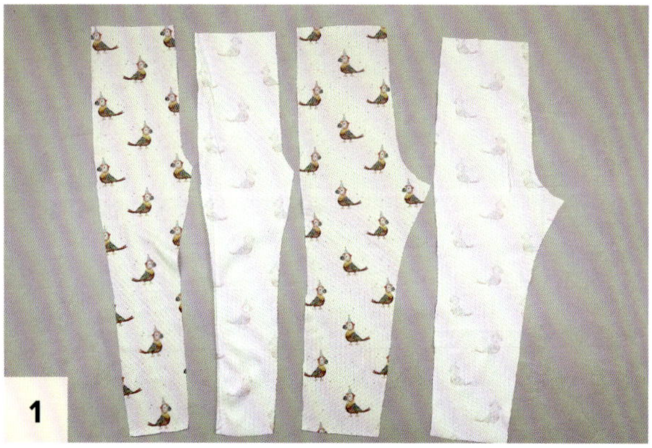

1

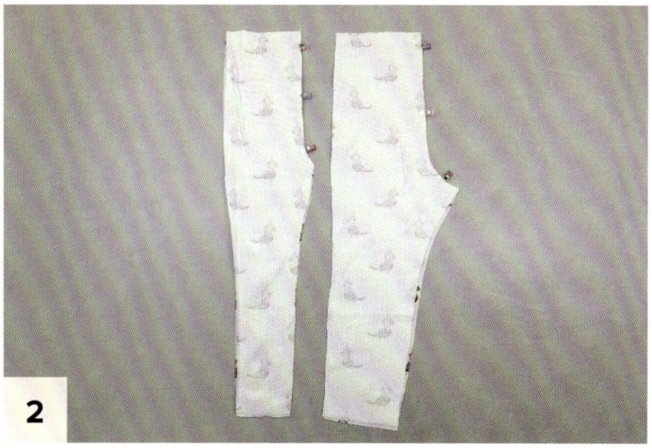

2

3

4

1 So sieht deine zugeschnittene Allrounder-Leggings aus.

2 Lege die beiden Vorderteile und die beiden Hinterteile der Leggings jeweils rechts auf rechts aufeinander und fixiere bei beiden jeweils die Schrittnaht. Schließe die beiden Nähte.

3 Nun legst du das hintere Hosenteil rechts auf rechts auf das vordere Hosenteil.

4 Fixiere die Seiten mit Klemmen und schließe die Seitennähte anschließend.

5

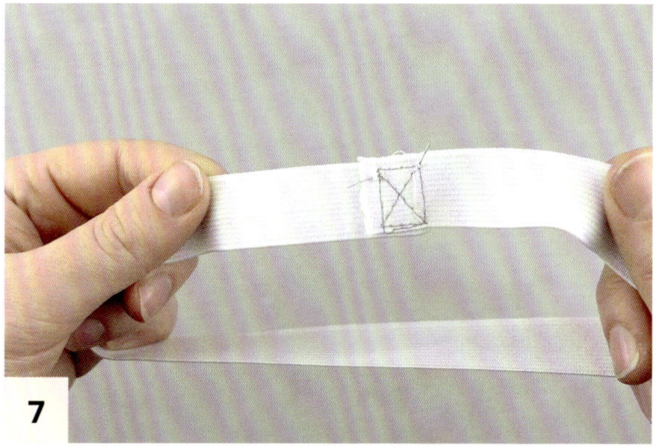
7

6

8

5 Jetzt folgt die innere Hosennaht. Nicht wundern, die Rückseite der Hose ist breiter als das Vorderteil. Der Schnitt passt sich so besser den Beinen von Kindern an, die Waden sind ja auch breiter als das Schienbein. Stecke also die Innenseiten wieder aufeinander fest, die Rückseite der Hose wird etwas gewellt dahinter liegen. Schließe die Schrittnaht.

6 Nun kannst du die beiden Beine säumen. Versäubere die offene Kante mit einem Zickzackstich oder der Overlock, schlage dann die Kanten jeweils 2 cm nach innen um, bügel drüber und steppe sie mit einem Zickzackstich oder der Zwillingsnadel von rechts ab. Beim Nähen fühlst du Stück für Stück, ob an der Unterseite noch alles liegt.

7 Schließe nun das Gummiband zum Kreis, indem du es an den Enden 1,5 cm übereinanderlegst und nähe dort im Viereck und dann im Kreuz darüber.

8 Stecke das Gummiband wie auf Seite 30 beschrieben an den oberen Rand auf die linke Stoffseite.

9

11

10

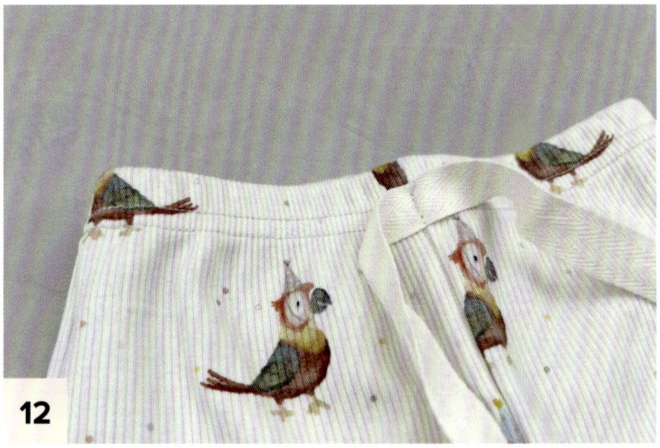

12

9 Nähe das Gummiband an. Es ist wirklich wichtig, dass du das Gummiband von Abschnitt zu Abschnitt gleichmäßig dehnst, der Stoff wird nicht gedehnt. Danach schlägst du das angenähte Gummiband zur linken Stoffseite um.

10 Jetzt steppst du das umgeklappte Gummiband fest. Dehne auch hier wieder gleichmäßig das Gummiband, dann bekommst du am Ende regelmäßige, kleine Falten am Bund.

11 So sieht die fertige Leggings aus.

12 Wenn du möchtest, kannst du eine Fake-Kordel annähen. Das kann je nach Stoff und Kordel total schön oder richtig cool aussehen. Schneide ein 10 cm langes Stück Kordel ab und nähe es mit einem Geradstich in der Mitte auf dem Vorderteil der Leggings fest.

13

ANNES TIPP

Egal für welches Geschlecht, diese Allrounder-Leggings geht echt immer. Wenn du sie aus einfarbigem Stoff nähst, wirst du sie im Kleiderschrank nicht mehr missen wollen!

13 Und so sieht die Leggings mit einer Fake-Kordel aus.

Variante Du kannst die Länge der Allrounder Leggings ganz einfach selber anpassen, indem du an der entsprechenden Stelle beide Beine kürzt oder verlängerst. Wichtig dabei ist, dass das Bein nicht enger oder weiter zuläuft, sondern gleich breit bleibt.

Bucket Hat

Dieser Bucket hat das Potenzial zum Lieblingshut. Im Sommer bietet die Krempe zuverlässigen Schutz vor Sonne und spendet Schatten. Im Herbst und Winter bringt der Hut – aus warmen Teddystoff, Cord oder French Terry genäht – sogar Wärme. Das Schnittmuster bietet eine vielseitige Passform, die sich perfekt an verschiedene Kopfgrößen anpassen lässt. Ein cooles, kurzweiliges Projekt mit unfassbar vielen Möglichkeiten und ein tolles Accessoire für das ganze Jahr!

DAS BRAUCHST DU

Material

Webware, Jersey, Cord, Teddystoff, French Terry. Ich nähe hier mit Baumwolle/Webware. Falls du mit sehr dünnen oder sehr schweren Stoffen arbeitest, kannst du optional Vlieseline (H200) zum Verstärken nutzen!

Stoffverbrauch

ca. 50 cm (bei voller Breite des Stoffes), je nach Geschmack zwei verschiedene Stoffe nutzen für die innere Krempe.

Alle Angaben großzügig und ohne Garantie. Geh lieber auf Nummer sicher. ☺

ZUSCHNITT

Schnittbogen 4

Gib rundherum eine Nahtzugabe von 0,5 cm hinzu.

- 1x Seite im Bruch
- 1x Deckel
- 2 x Krempe im Bruch

Schwierigkeitsgrad:
1 von 3 Walen

So geht's

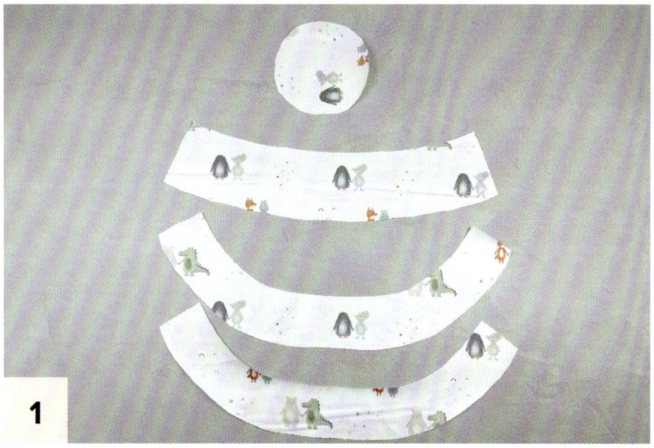

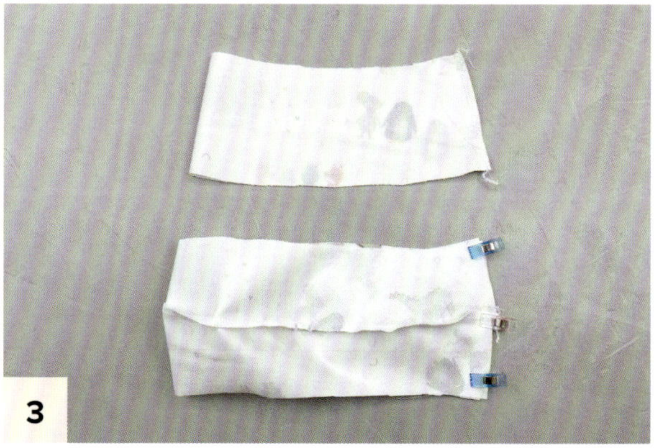

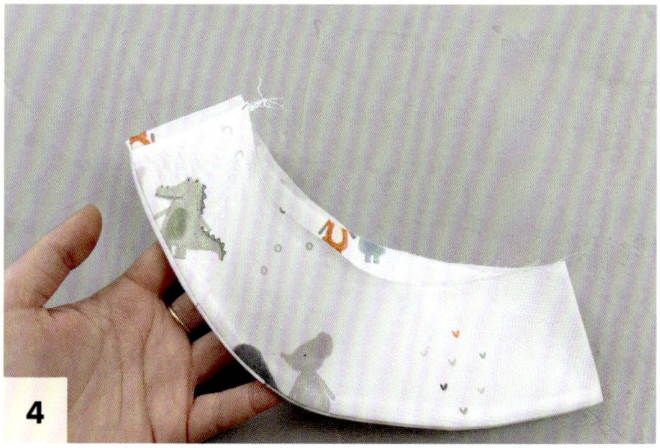

1 So sieht der Bucket Hat zugeschnitten aus. Falls du deine Krempe verstärken möchtest, solltest du jetzt auf eine der Krempen die Vlieseline aufbügeln. Ich nähe ohne Verstärkung.

2 Lege jeweils das Seitenteil und die beiden Krempen rechts auf rechts aufeinander. Fixiere am Seitenteil die offene, rechte Kante und an der Krempe die lange, untere Seite mit Klammern.

3 Beide Kanten kannst du jetzt schließen. Klappe die Krempe dann auf und falte sie rechts auf rechts aufeinander, sodass die mittlere Naht exakt aufeinandertrifft.

4 Schließe auch diese Naht. Jetzt kannst du die Krempe links auf links falten, indem du die lange Naht nach innen und die gemusterten Stoffseiten nach außen legst. Bügel hier am besten einmal heiß drüber, vor allem über die seitliche Naht der Krempe, dann liegt alles schön glatt.

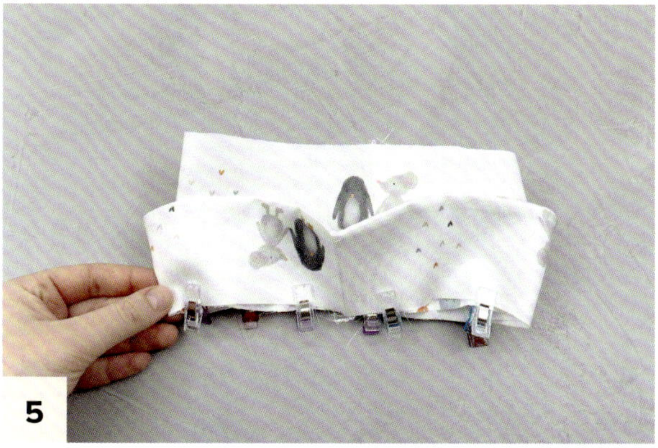

5

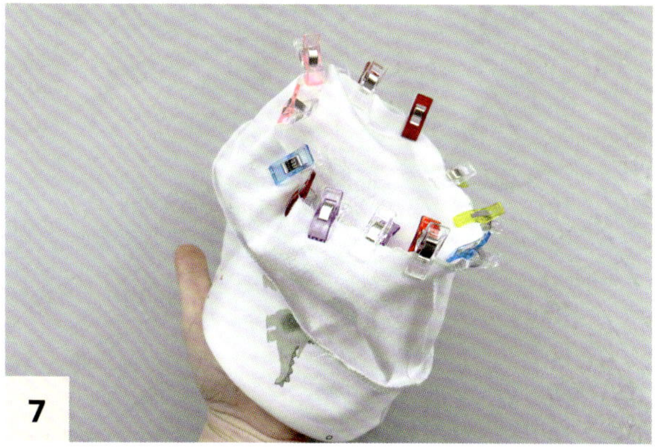

7

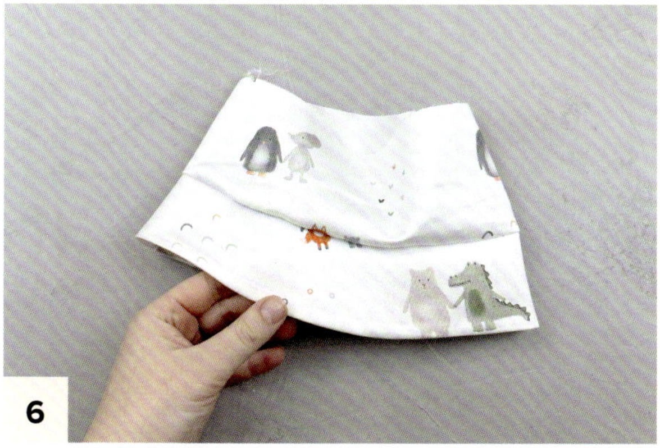

6

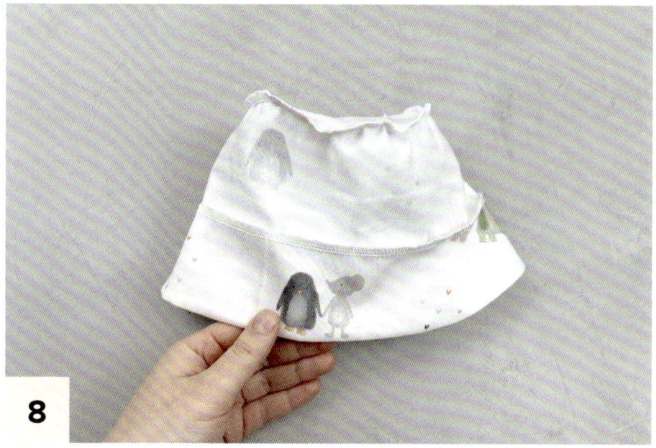

8

5 Fixiere jetzt die Krempe mithilfe von Klammern echts auf rechts am Seitenteil des Huts. Lege dabei die Naht der Krempe und die Naht des Seitenteils als Erstes aufeinander und klemme diese fest, dann treffen die Nähte garantiert aufeinander.

6 Nähe die beiden Teile rundherum aneinander. So sieht der Bucket Hat nun aus.

7 Nun steckst du den Hut-Deckel rundherum rechts auf rechts an die obere Öffnung des Seitenteils.

8 Schließe auch diese Naht. Nähe dabei langsam Stück für Stück und achte darauf, dass du beide Stofflagen triffst.

Weiter geht's

9

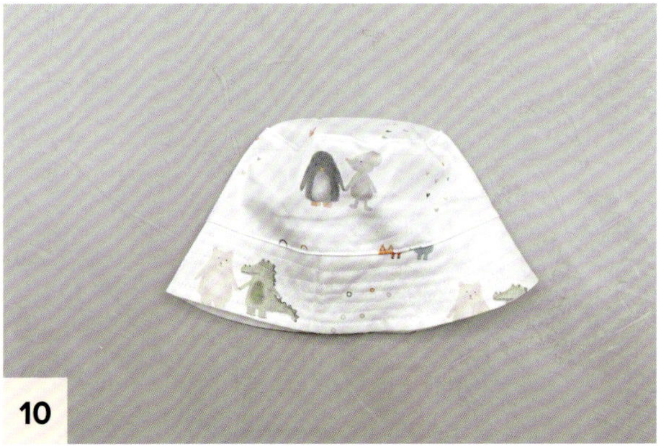

10

9 Wende den Hut. Fast geschafft!

10 Steppe nun noch die Krempe ab. Nähe mit einem großen Geradstich füßchenbreit einmal im Kreis, orientiere dich dabei an der äußeren Kante. Danach machst du die nächste Naht, dabei kannst du dich an der vorherigen Naht orientieren. Danach die nächste, danach die nächste, bis deine Krempe komplett mit abgesteppten Kreisen versehen ist. Im Durchschnitt sechs- bis siebenmal. Fertig!

Variante Du kannst den Bucket hat auch doppellagig nähen, dann ist er sogar wendbar. Dafür nähst du die Krempe am Anfang nicht doppellagig zusammen, sondern schließt je einen Deckel, ein Seitenteil und eine Krempe zu einem Hut. Im inneren Hut lässt du im Seitenteil eine Wendeöffnung. Die beiden einzelnen Hüte nähst du dann rundherum am äußeren Krempenrand zusammen und wendest dann alles durch die Wendeöffnung. Diese nun noch schließen und schon ist dein Wendehut fertig ☺

ANNES TIPP

Ein unifarbener Hut passt zu vielen verschiedenen Outfits. Nähe doch zum Beispiel nur die innere Krempe mit einem gemusterten Stoff, dann hast du mehr Kombimöglichkeiten und trotzdem ein kleines Highlight fürs Kind!

Zip-Jacke

Lange glaubte ich, dass Reißverschlüsse mein Angstgegner sind. Bis ich's einfach probiert habe. Dabei sieht es optisch einfach viel professioneller aus und ist oft sehr praktisch. Traut euch! Der Stehkragen wärmt den Hals. Der Schnitt ist in der Weite gerade richtig für viel Bewegung oder ruhige Stunden. Die überschnittenen Ärmel engen nicht ein und die Länge geht bis an die Hüften. Rundum eine tolle Alltagsjacke!

DAS BRAUCHST DU

Material

Fleece, Teddystoff, Minky Fleece, Stretch Cord, (dicker) Sweat, Softshell, Walk, Wollstrick, Sherpa, Steppstoff. Bei nicht dehnbaren Stoffen eine Größe größer nähen! Ich nähe mit dehnbarem Teddy.

Stoffverbrauch

Bei einer Stoffbreite von 140 cm brauchst du für Außen- und Innenjacke jeweils ca.:

- Größe 74–86: 70 cm
- Größe 92–104: 90 cm
- Größe 110–122: 100 cm
- Größe 128–140: 120 cm

Teilbarer, ggf. kürzbarer Reißverschluss: max. 55 cm

Alle Angaben großzügig und ohne Garantie. Geh lieber auf Nummer sicher. ☺

ZUSCHNITT

Schnittbogen 3 und 4

Gib rundherum eine Nahtzugabe von 0,5 cm hinzu. Gib außerdem an Ärmeln und unterer Kante eine Saumzugabe von 2 cm hinzu. Übertrage auch die Markierungen für die Ärmel.

- 2 x Vorderteil (gegengleich)
- 1 x Rückteil im Bruch
- 2 x Kragen im Bruch
- 2 x Ärmel (gegengleich)
- 1 x Reißverschlussbeleg im Bruch

Schwierigkeitsgrad:
3 von 3 Walen – aber nur, weil es viele Schritte sind

So geht's

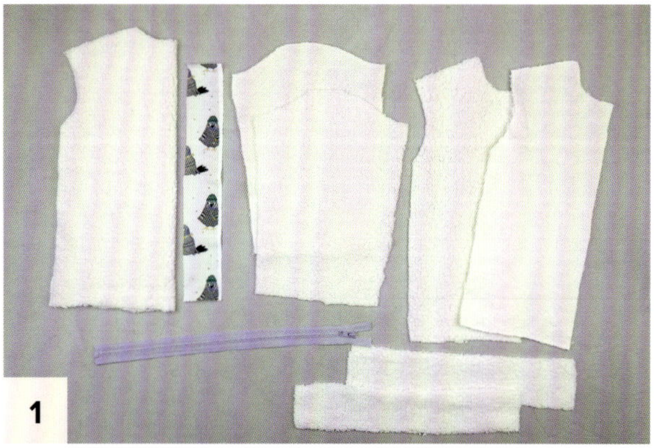

1

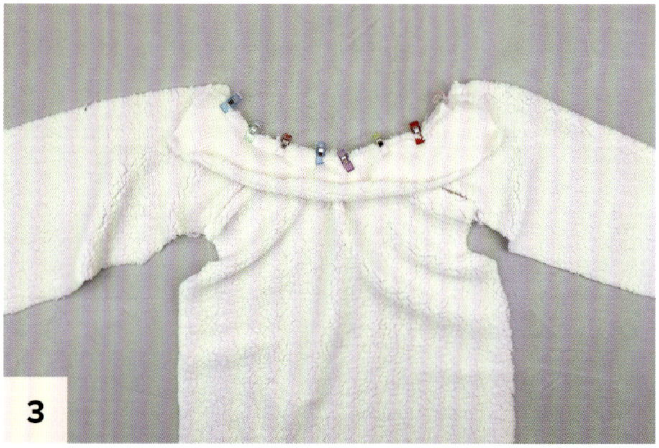

3

2

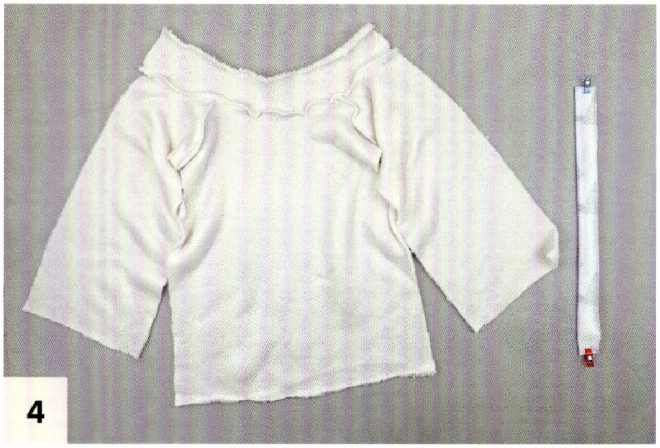

4

1 So sieht deine zugeschnittene Zip-Jacke mit allen zugehörigen Teilen aus.

2 Schließe zuerst die Schulternähe. Lege dafür die beiden Vorderteile rechts auf rechts auf das Rückteil, die Schultern fixierst du mit Klammern und nähst dann beide Seiten zusammen.

3 Lege einen der beiden Kragen jetzt rechts auf rechts in den Halsausschnitt, klemme ihn fest und schließe die Naht. Achte darauf, dass die beiden Seiten des Kragens auch genau auf der Höhe der beiden Vorderteile enden, es gibt keinen Versatz.

4 So sieht der angenähte Kragen nun aus. Nimm deinen Reißverschlussbeleg, falte ihn der Länge nach links auf links und schließe die beiden kurzen Kanten oben und unten. Die lange Seite bleibt offen.

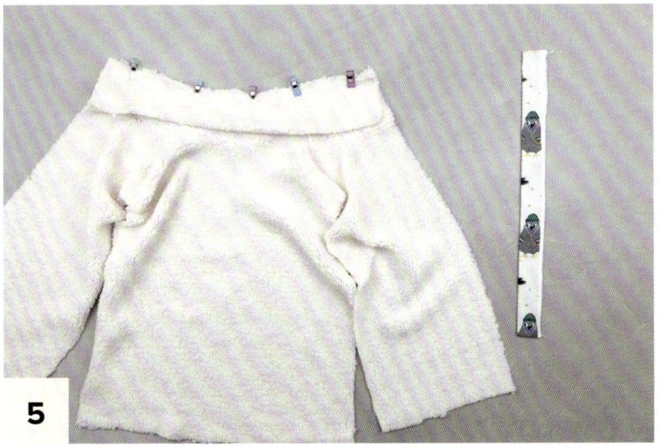

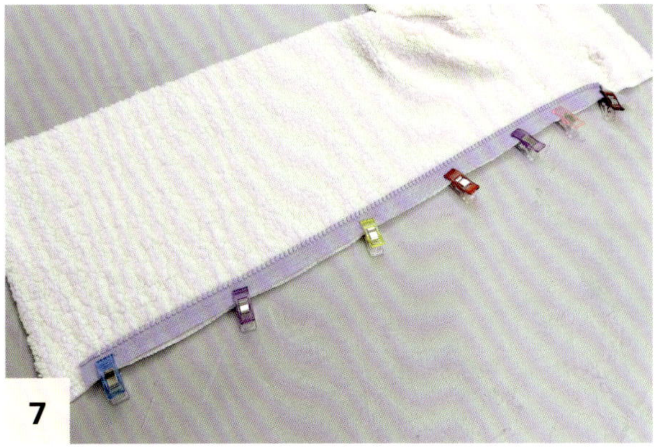

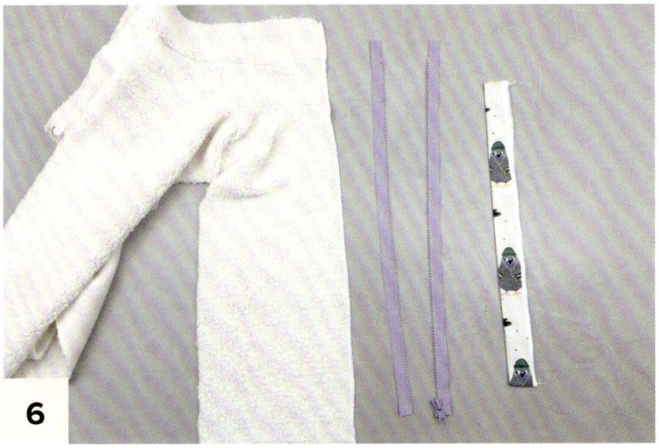

5 Wende den Reißverschlussbeleg, sodass die rechte Seite nach außen zeigt und bügel ihn. Jetzt kommt auch der zweite Kragen an die Jacke. Klemme ihn dafür rechts auf rechts an die obere Kante des ersten Kragens und nähe ihn fest.

6 Versäubere die beiden vorderen Kanten der Jacke vom oberen Ende des Kragens bis unten zum Saum. Nimm deinen Reißverschluss, miss die exakte Länge, die du brauchst, an deinem Schnittteil ab und kürze den Reißverschluss entsprechend. Öffne den Reißverschluss komplett.

7 Die linke Seite deines Reißverschlusses wird zuerst angenäht. Dafür nimmst du den linken Teil und steckst ihn sorgfältig links auf links auf die linke Vorderseite deiner Jacke. Das untere Ende vom Reißverschluss ist 2,5 cm vom Saum entfernt, die Zacken zeigen nach links. Das obere Ende vom Reißverschlussteil faltest du 90 Grad nach rechts weg, sodass die oberste Spitze genau in der Naht zwischen beiden Kragenteilen endet.

8 Nähe den Reißverschluss nun mithilfe eines Reißverschlussfüßchens mit einem mittelgroßen Geradstich an.

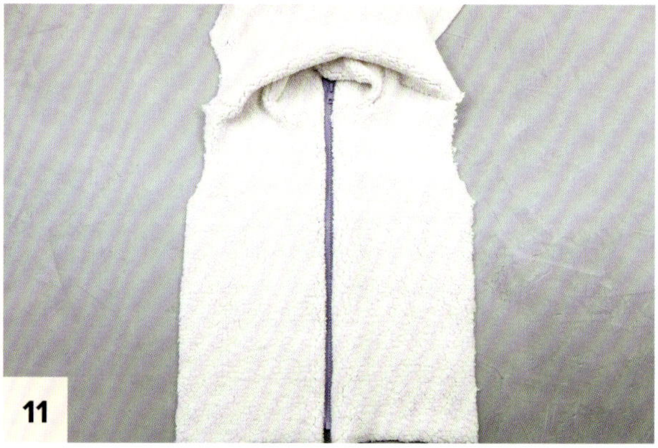

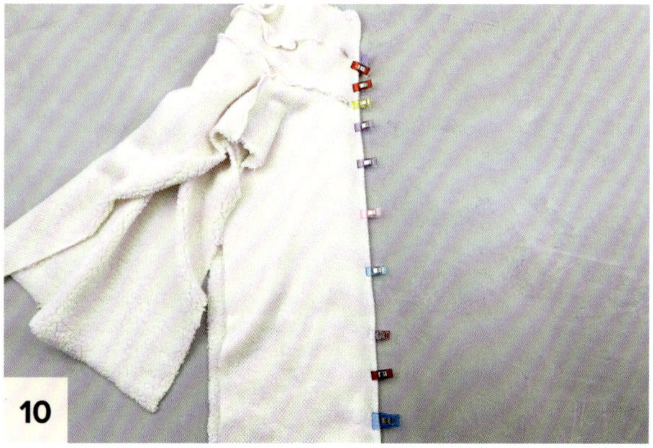

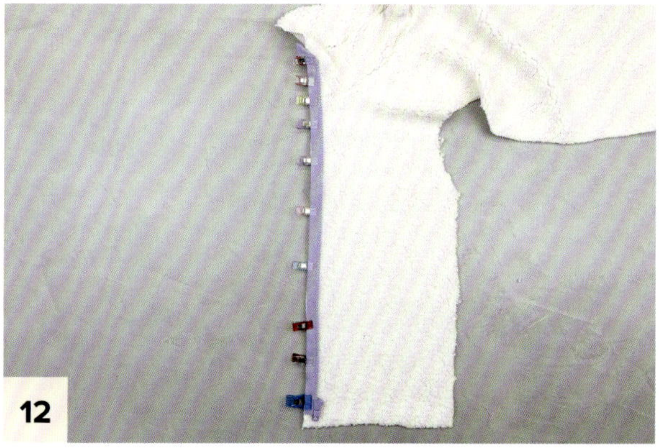

9 Befestige das rechte, noch lose Teil des Reißverschlusses wieder an der linken Reißverschlussseite. Nimm deine Jacke und lege sie rechts auf rechts, Jackenkante an rechter Reißverschlusskante.

10 Stecke alles so fest, dass der Reißverschluss sowohl am rechten als auch am linken Teil exakt gleich liegt, also der Saumabstand unten wieder 2,5 cm beträgt, das obere Reißverschlussende wird 90 Grad nach rechts gefaltet und die Reißverschluss-Spitze endet wieder in der Naht zwischen beiden Kragenteilen.

11 Wenn du alles festgesteckt hast, kannst du die Jacke so wenden, dass sie mit der rechten Seite nach oben liegt. So kannst du einfach kontrollieren, ob alles gut sitzt. Achte darauf, dass die Klammern sich nicht lösen.

12 Nun kannst du den Reißverschluss wieder öffnen und die Jacke so drehen, dass der rechte Teil vom Reißverschluss mit der Befestigung nach oben liegt. Schau noch mal, ob auch alles gut fixiert ist.

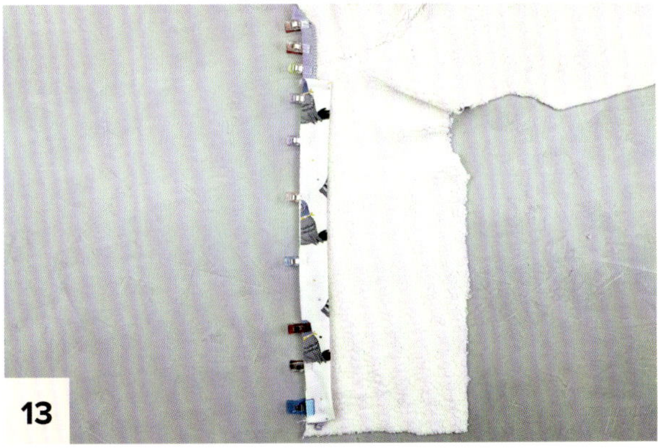

13

14

15

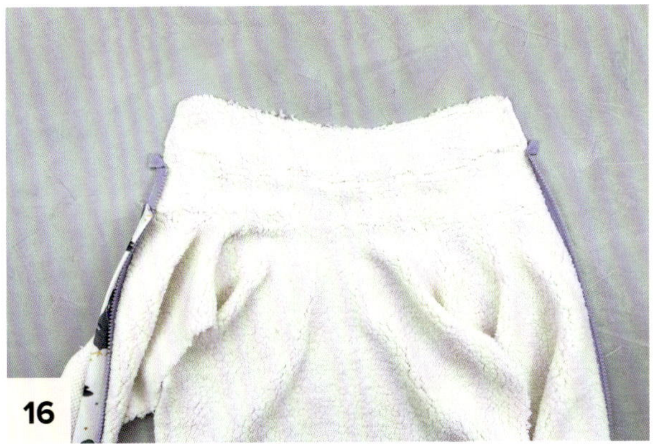

16

13 Bevor du den Reißverschluss annähst, kommt noch der von dir vorbereitete Beleg an die Jacke. Stecke ihn nach und nach mit in die bereits vorhandenen Klammern, indem du sie nacheinander öffnest, den Beleg mit dazwischenlegst und dann wieder schließt. Das untere Ende vom Beleg schließt mit dem unteren Ende vom Reißverschluss ab, das obere Ende vom Beleg endet ca. 1 cm vor der Naht zwischen Vorderteil und erstem Kragenteil. Die offene Seite vom Beleg zeigt nach links, die geschlossene nach rechts.

14 Dann kannst du auch diesen Teil mithilfe des Reißverschlussfüßchens annähen. Der Zipper wird dabei immer wieder im Weg sein. Sobald dein Nähfuß daran anstößt, kannst du kurz stoppen, den Fuß anheben und den Zipper vorsichtig an deiner Nadel und dem Fuß vorbeiziehen. Dann kannst du die Naht weiter fortsetzen. Auf dem Foto siehst du die drei Schichten, die du in diesem Schritt zusammennähst. Achte beim Nähen darauf, dass keine der drei Lagen verrutscht.

15 Gewendet und geschlossen sieht dein eingenähter Reißverschluss nun so aus! Der „schwierigste Teil“ ist geschafft. Juhu!

16 Versäubere die noch offene Kante vom oberen Kragenteil.

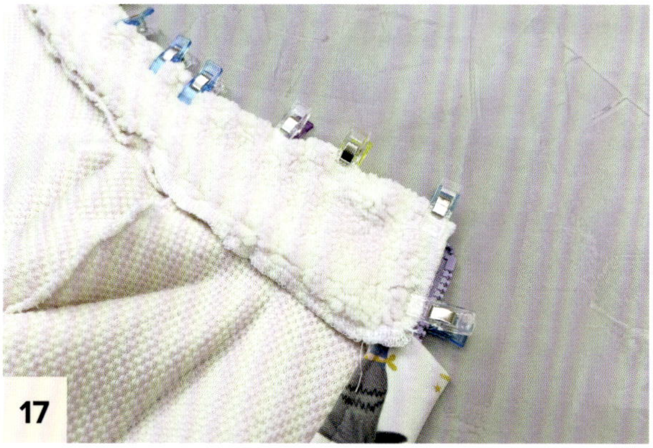
17

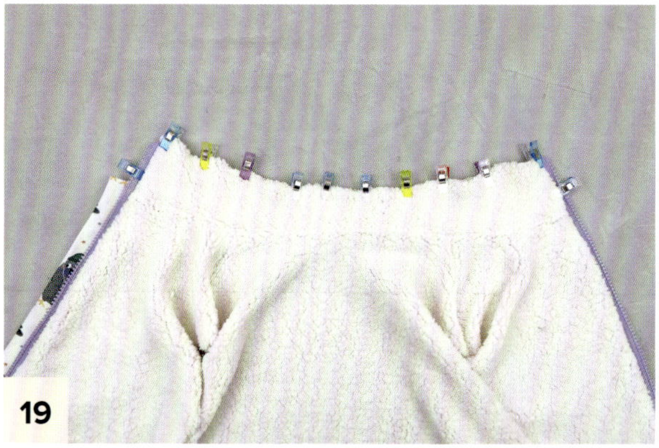
19

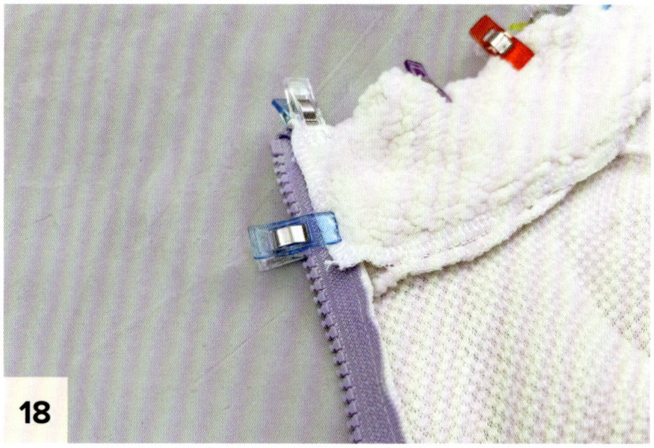
18

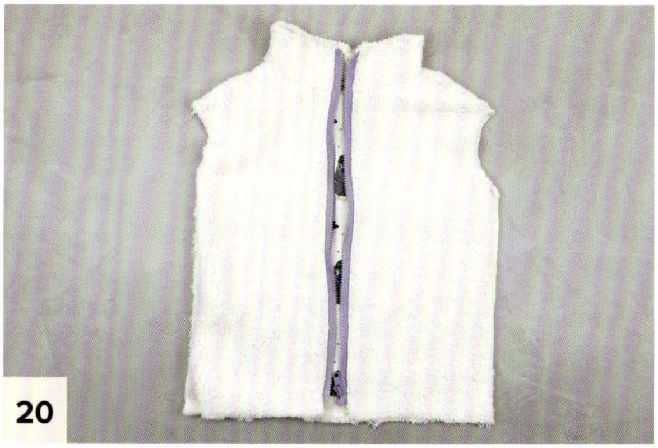
20

17 Dreh die Jacke um, die rechte Seite liegt unten. Klappe den oberen Teil des Kragens nach innen runter, sodass der Kragen jetzt doppelt (links auf links) liegt. Die Seiten des Kragens verdecken die innere Seite des Reißverschlusses. Stecke ihn dementsprechend fest. Auch die obere Kante habe ich hier mit Klammern fixiert, sodass der Kragen auf der richtigen Höhe gefaltet bleibt.

18 Hier noch mal ein Detailbild von der gegenüberliegenden Seite.

19 Von außen sieht es nun so aus. Geh sicher, dass wirklich alles an Ort und Stelle ist.

20 Nun steppst du von rechts den Reißverschluss von oben nach unten ab, nähe dabei füßchenbreit. Damit nähst du auch die im vorherigen Schritt festgeklippten Seiten des Kragens an die innere Seite des Reißverschlusses.

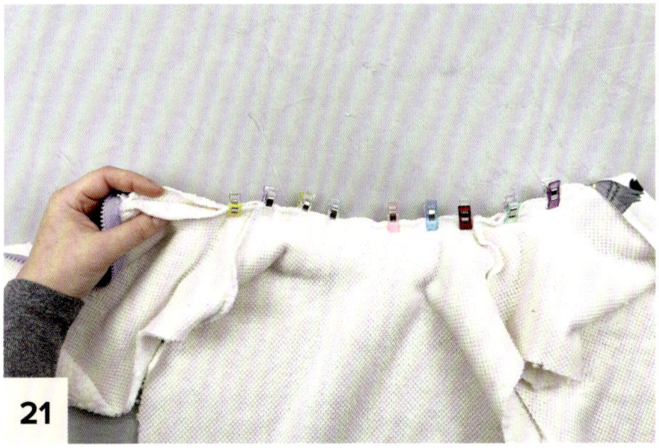

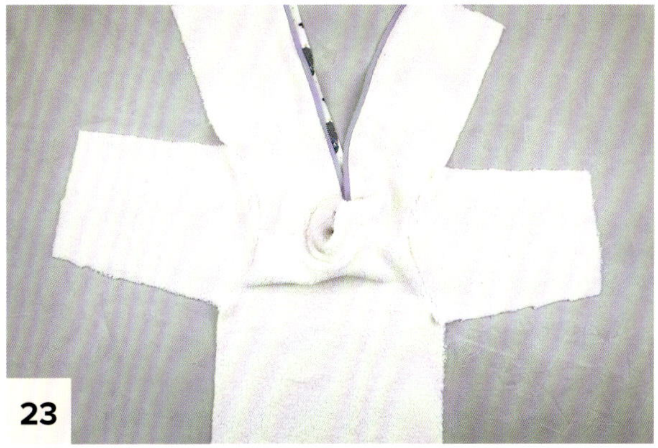

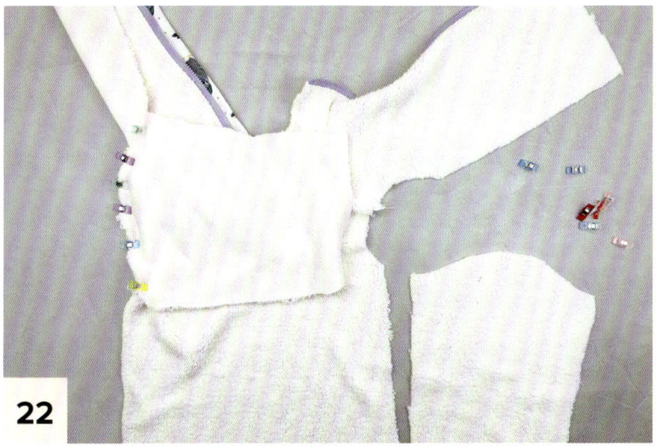

21 Wende die Jacke danach wieder zur Innenseite, klappe den Kragen nach unten/hinten weg, klippe dann die beiden Kragenkanten aufeinander und nähe sie an der oberen Kante der Nahtzugabe mit einem Geradstich zusammen. So kann der Kragen nicht mehr aufklappen.

22 Klemme nun die Ärmel entsprechend der beim Zuschnitt übertragenen Markierungen in den Armausschnitt.

23 Nähe beide Ärmel nacheinander fest.

24 Wende die Jacke auf links und falte sie so, dass die Seitennähte aufeinanderliegen. Vorder- und Rückteil sowie die Ärmel liegen links auf links. Stecke auch hier alles zusammen und schließe beide Seitennähte. Achte darauf, dass die Nähte in der Achsel genau aufeinandertreffen. Wende die Jacke auf rechts.

Weiter geht's

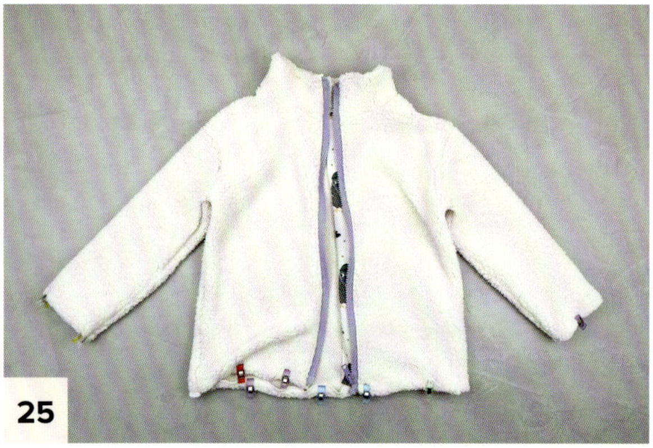

25 Versäubere nun noch den unteren Saum und beide Ärmel. Dann faltest du die Ärmelsäume jeweils 2 cm nach innen und säumst sie mit einem Zickzackstich oder der Zwillingsnadel. Den unteren Saum schlägst du bis zum Reißverschlussende nach innen um und steppst diesen ebenfalls ab.

26 Tada – deine Zip-Jacke ist bereit für die ersten Abenteuer!

Variante Der innere Kragen kann auch wunderbar aus einem kontrastreichen oder gemusterten Stoff genäht werden. Richtig toll als kleines Highlight!

ANNES TIPP

Mach dich frei von der Angst vor Reißverschlüssen und sei mutig bei der Farbwahl. So ein Reißverschluss macht richtig was her.

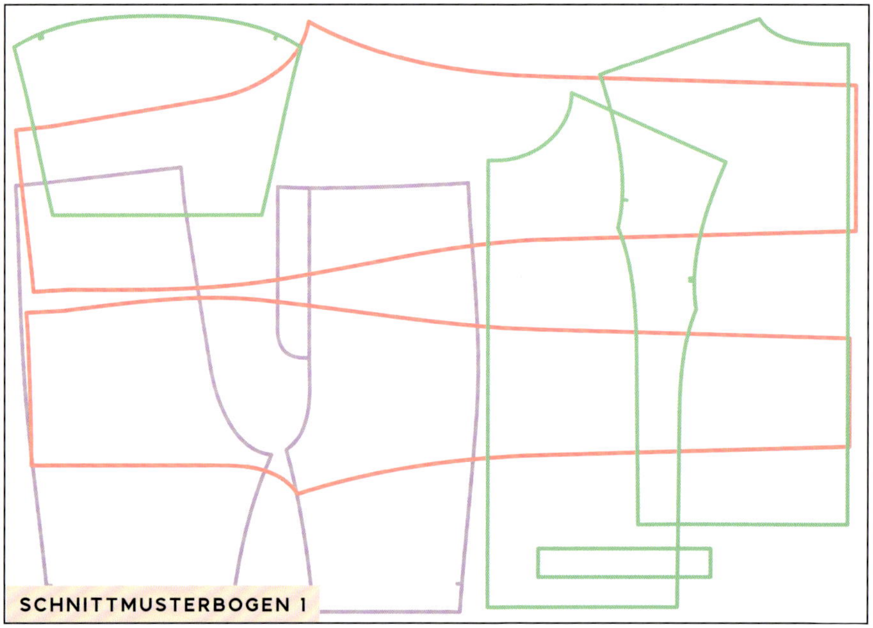

Unisex Shorts
Allrounder-Leggins
Oversized Tee

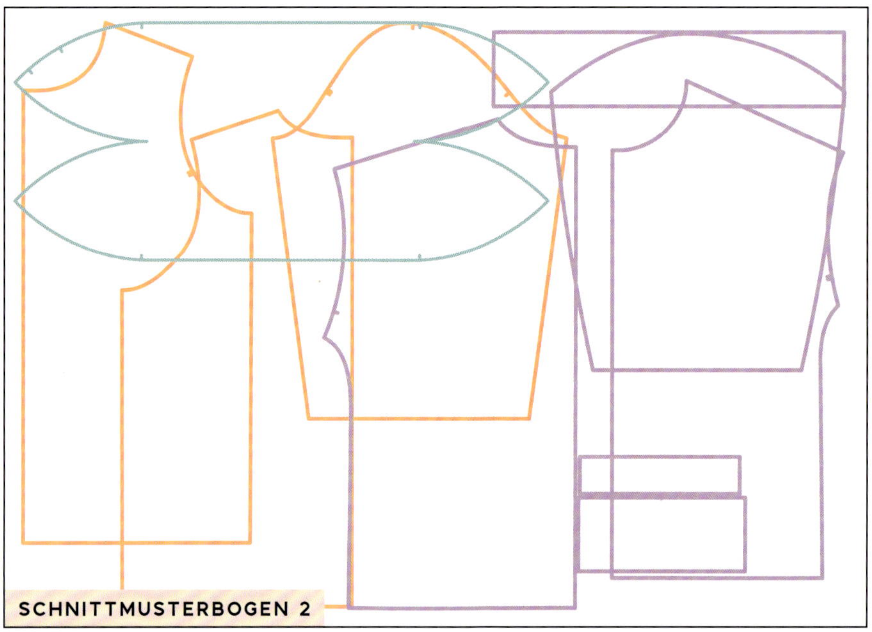

Easy Beanie
Pufferjacke/-weste
Ballon-Sweatshirt

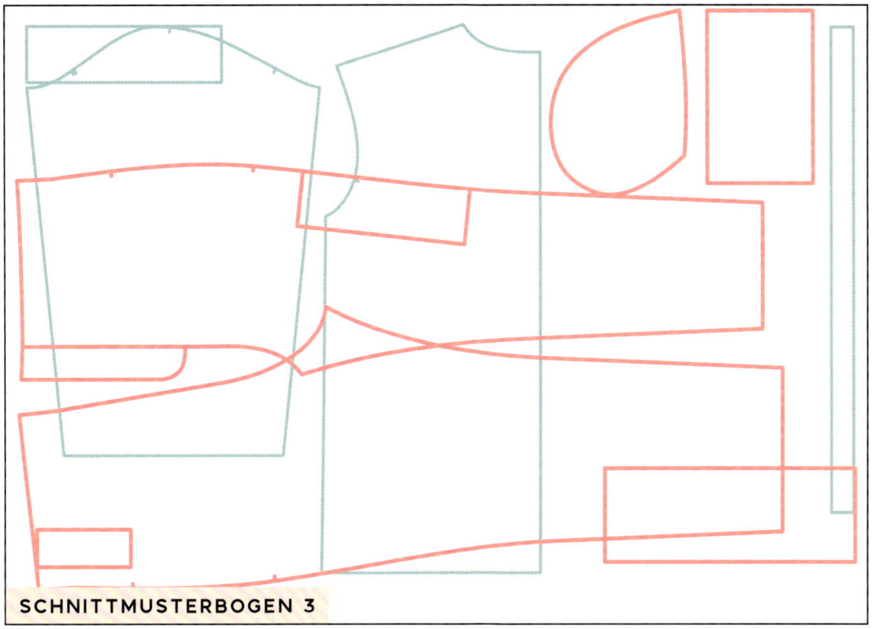

Cooler Jogger
Zip-Jacke

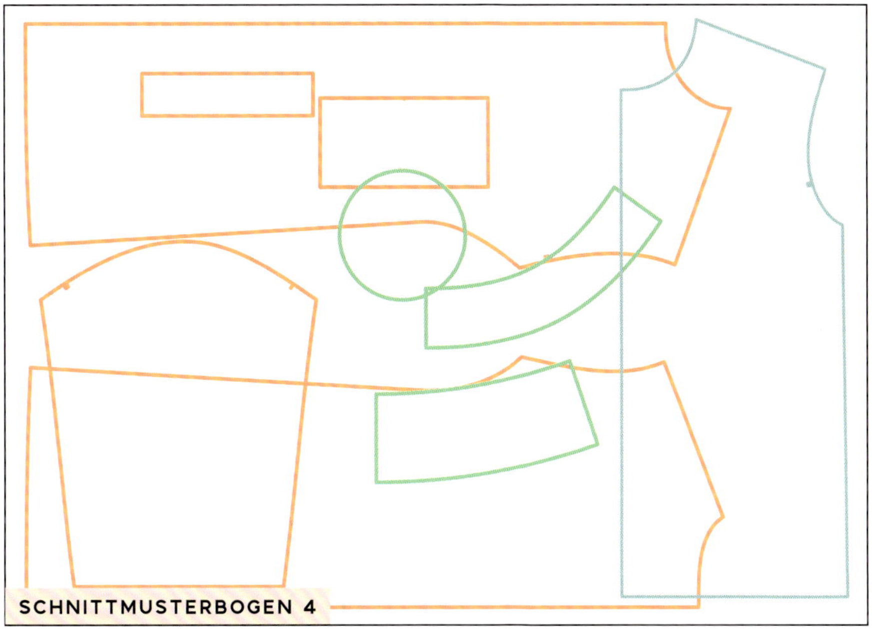

Zip-Jacke
Longsleeve/Longshirt-Kleid
Bucket Hat

Danke!

Zeit, um danke zu sagen. Ich habe mir lange Gedanken gemacht, wem ich hier danke, denn Material und Co. sind aus meinem Onlineshop *www.vonanne.com* – daher danke ich der Person, wegen der es all das hier überhaupt gibt.

Danke Oma. Ich wünschte, du könntest dieses Buch sehen. Dank dir habe ich zunächst ein Hobby und dann meine Berufung gefunden. Du hast mir das Nähen beigebracht, du hast mit mir die ersten kleinen Teile gezaubert, du hast dir über all die Jahre alles angesehen und nie auch nur ein kritisches Wort geäußert. Im Gegenteil – ich hätte dir wohl das schiefste Projekt zeigen können und du hättest es toll gefunden. Du hättest das Buch bestimmt 20-mal gekauft und verschenkt, damit alle Menschen es sehen können. Danke, Oma, das hier ist auch dein Buch. Haben wir gut gemacht ☺

Über die Autorin

Anne Stettner ist die Autorin dieses Buchs. Sie wurde 1996 in Brühl geboren und ist dort aufgewachsen. Nach dem Abitur wollte sie studieren, brach aber mehrere Studiengänge ab. So kam es dazu, dass ihre Oma ihr das Nähen beibrachte und Anne zunächst ein neues Hobby fand, bei dem sie sich kreativ ausleben konnte.

2017 gründete sie dann ihr Handmadelabel „von.anne" und absolvierte nebenbei eine Ausbildung zur staatlich anerkannten Erzieherin. Nach der Ausbildung startete sie Vollzeit mit der Selbstständigkeit, denn zusätzlich zu genähter Kleidung gab es mittlerweile viele selbst illustrierte Stoffdesigns und andere Produkte. Außerdem illustriert sie unter anderem die Spiegel-Bestseller-Kinderbuchreihe „So bin Ich – Wähle das, was zu dir passt".

Mittlerweile lebt sie mit ihrem Freund und dem Dackel Gustav in Bonn, hat einen eigenen Laden eröffnet, ist Inhaberin und Geschäftsführerin ihres Labels und illustriert mit Leidenschaft Kinderbücher. Eine Herausforderung jagt die nächste und sie ist froh, dass sie nicht den „üblichen Weg" gegangen ist – denn ihr Leben steckt voller Kreativität und (schöner) Überraschungen.

von.anne

www.vonanne.com

von.anne

Impressum

Bibliografische Information der Deutschen Bibliothek.

Die Deutsche Bibliothek verzeichnet diese Publikation in der Deutschen Nationalbibliografie.

Detaillierte bibliografische Daten sind im Internet über http://www.dnb.de/ abrufbar.

EIN BUCH DER EDITION MICHAEL FISCHER

1. Auflage 2024

Covergestaltung, Layout und Satz: Zoe Mitterhuber

Projektleitung: Kira Weingarten, Saskia Reusch

Lektorat: Sarah Holzwarth

Schnittdirectrice: Astrid Hein

Fotos: Cover- und Projektfotos: Patrick Wittmann, München, alle andere Bilder: Anne Stettner

Illustrationen: Anne Stettner, Pünktchenhintergrund: © briddy/Shutterstock

ISBN 978-3-7459-2101-4

Gedruckt bei C&C Offset Printing Co., LTD., 14/F, C&C Building, 36 Ting Lai Road, Tai Po, N. T. Hong Kong, China

www.emf-verlag.de